# 왕의 신부

왕의 신부

지은이 | 애슐리 박
초판 발행 | 2014년 4월 21일
9쇄 발행 | 2022. 5. 30

등록번호 | 제3-203호
등록된 곳 | 서울특별시 용산구 서빙고로 65길 38  두란노빌딩
발행처 | 사단법인 두란노서원
영업부 | 2078-3333  FAX 080-749-3705
출판부 | 2078-3477

책 값은 뒤표지에 있습니다.
ISBN 978-89-531-2039-6  03230

편집부에서 독자의 의견을 기다립니다.
tpress@duranno.com      http://www.Duranno.com

두란노서원은 바울 사도가 3차 전도여행 때 에베소에서 성령 받은 제자들을 따로 세워 하나님의 말씀으로 양육하던 장소입니다. 사도행전 19장 8-20절의 정신에 따라 첫째 목회자를 돕는 사역과 평신도를 훈련시키는 사역, 둘째 세계 선교(TIM)와 문서선교(단행본·잡지) 사역, 셋째 예수문화 및 경배와 찬양 사역, 그리고 가정·상담 사역 등을 감당하고 있습니다. 1980년 12월 22일에 창립된 두란노서원은 주님 오실 때까지 이 사역들을 계속할 것입니다.

# 황의 신부

KING'S BRIDE

애슐리 박 지음

두란노

| 차 례 |

예수께서 자신의 생명과 바꾸어
되찾은 이름… 왕의 신부

싱글맘 모임인 '다비다자매회'와 20년을 함께해 온 저는 '왕의 신부'라는 단어가 결코 예사롭지 않습니다. 가짜가 아닌 진짜 '왕의 신부'가 무엇인지 삶을 통해 보여주는 저자 덕분에 책의 행간마다 아가서의 '신부의 어깨를 감싸고 함께 거친 들에서 올라오는 신랑'이 숨어 있음을 알아챈 저는 진정 행복한 신부였습니다.

김혜란 • 목사, 다비다자매회 회장

애슐리 박, 그녀가 바로 왕의 신부입니다. 이 정체성 하나로 만족의 길을 찾아 나선 신부입니다. 다른 치장 필요 없이 이 행복한 신부의 비밀은 복음입니다. 복음으로 그녀는 새롭게 태어나 자신의 정체성을 찾은 것입니다. 여인을 유혹하는 세속 문화의 한복판에서 왕의 신부는 당당합니다. 그녀가 진정 아름다울 수 있는 이유를 복음 안에서 발견한 것입니다.

《킹덤 패밀리》에 이은 《왕의 신부》를 통해 우리는 복음의 능력에 모든 것을 의탁하고 사는 여인을 만납니다. 킹덤 패밀리를 만난 킹덤 여인의 내면 여행을 따르다 보면 우리 모두 어느새 진정으로 자유로운 삶을 동경하게 됩니다. 제가 킹덤 패밀리를 만나 교제하며 경험한 경이로움을 《왕의 신부》를 접하는 독자들이 또한 경험하게 될 것입니다.

애슐리 박의 가족을 만날 때마다 저는 '자유'라는 단어를 떠올립니다. 모든 것을 내려놓고 모든 것을 벗어나 살아가는 자유 말입니다. 무소유보다 더 아름다운 자유를 소유한 킹덤 패밀리의 비밀을 아직도 이 땅의 소유에 매여 여행길이 힘겹기만 한 하늘 가족에게 소개하고 싶습니다. 자유의 킹덤으로 떠나는 더 많은 패밀리의 모험을 보고 싶습니다.

킹덤 패밀리 입장 그리고 왕의 신부 입장을 알립니다.

이동원 • 지구촌미니스트리네트워크(GMN) 대표

애슐리 박의 간증과 메시지는 저에게 늘 영성 깊은 가르침이었습니다. 여자는 행복을 위해 결혼하지만, 우리 주님은 결혼을 통하여 '자아가 십자가에 못 박히고 이제는 내 안에서 그리스도께서 사시는' 신부로 만들어 가십니다. 주님의 손에서 한 남자의 아내로 그리고 어머니로 빚어지면서 마침내 왕중왕(king of kings) 예수님의 신부로 세워지는 애슐리 박의 이야기는 모든 사람들에게 큰 감동이 될 것입니다.

이용희 • 에스더기도운동 대표

아름다운 봄꽃이 피어나기 위해서는 길고 혹독한 겨울을 먼저 통과해야 하듯이 하나님의 진리에 뿌리를 내리는 고통이 있어야 죄 가운데 태어난 여자가 왕의 신부로 아름답게 피어납니다. "너희를 자유케 하리라"는 그 진리가 향기를 토하는 '왕의 신부'라는 아름다운 꽃 한 송이를 독자들에게, 특히 《킹덤 패밀리》를 통해서 천국을 만난 독자들께 전달되기를 기도합니다.

정근두 • 울산교회 담임목사

'사람'으로 태어났다. 한 해 두 해 성장하면서 인생의 꿈을 가지게 되었고 앞으로 살아갈 인생의 계획을 세웠다. 그런데 어느 순간 세상은 내가 '여자'임을 알려 주며 이제 여자로서 어떻게 살아야 할지를 가르쳐 주기 시작했다.

여자로 사는 것이 아직도 익숙하지 않은 내가 결혼을 하여 가정을 가지자 세상은 내가 '아내'라는 것을 알려 주며 아내로서 감당해야 할 많은 것들이 있음을 보여 주었다. 아내로서의 책임감을 감당하기 위해 나는 사람으로서 꿈꾸었던 것들 중 얼마를 포기해야 했다.

그리고 어느 순간, 나는 또 하나의 다른 이름으로 불리는 나를 발견했다.

'엄마.'

생명을 위탁받은 그 이름으로 살아가기 위해 나는 이전의 모든 계획을 수정하지 않으면 안 되었다.

"하나님이 자기 형상 곧 하나님의 형상대로 사람을 창
조하시되 남자와 여자를 창조하시고"(창 1:27).


이 세상에는 두 종류의 사람, 즉 남자와 여자가 있다. 그
런데 그중 여자를 향한 기대가 시대를 따라 급격히 변화하
고 있으며, 그들이 감당해야 할 역할이 문화에 따라 많은 차
이를 나타내고 있다.

여자인 나는 도대체 누구일까?

나는 여자로서 어떻게 살아야 할까?

어느 누구에게도 속 시원한 대답을 듣지 못하여 혼돈과
갈등의 시간을 보내고 있을 때, 친히 남자와 여자를 만드신
하나님의 대답이 들리기 시작했다.

하나님의 창조 역사에서 여자는 제일 마지막에 만들어졌
다. 하나님은 그녀를 만드신 후 마감된 창조 역사를 매우 만
족해 하셨다.


"하나님이 지으신 그 모든 것을 보시니 보시기에 심
히 좋았더라"(창 1:31).

자신의 갈비뼈에서 만들어진 여자를 보는 순간 아담의 입에서는 감탄사가 터져 나왔다.

"아담이 이르되 이는 내 뼈 중의 뼈요 살 중의 살이 라"(창 2:23).

창조의 마지막에 만들어진 여자는 창조의 '걸작품'임에 틀림없다. 그리고 그 걸작품인 여자에게는 온 세상을 다스리시는 만왕의 왕이신 주님의 영광스러운 신부의 DNA가 있다. 하나님은 창조의 걸작품인 여자를 이제 '왕의 신부'로 초대하신다.

그런데 창조의 걸작품인 여자가 뱀의 유혹에 넘어가 선악과를 먹어 버린 뒤 그녀에게는 또 하나의 이름이 주어졌다.

'사탄의 원수'(창 3:15).

사탄이 왕 노릇하는 세상에서 사탄의 원수로 살아야 하는 여자, 그녀를 향하여 사탄의 수많은 공격이 퍼부어질 것이다. 그녀는 때로는 고난과 어려움과 상실을 경험해야 하지만, 그것은 도리어 그녀를 거룩하고 영광스러운 신부로 만들어갈 것이다.

그리스도의 신부로 살기를 소망하는 나에게 주님은 한 남자의 아내로 살아가는 삶에서 그리스도의 신부의 온전한 모습을 드러내라고 요청하셨다.

"하나님의 나라가 (이 땅에) 임하시오며."

하나님의 킹덤은 우리가 살고 있는 이 땅으로 내려오기를 갈망한다. 바로 나의 가정에서 남편과 아내의 모습이 그리스도와 신부의 모습으로 변화할 때 하나님의 킹덤은 바로 나의 가정에 임하게 된다. 그리스도의 신부가 되는 것과 가정에서 한 남자의 아내가 되는 것이 서로 동일한 관계임을 깨닫게 되자 비로소 나의 존재의 의미, 나의 모든 일상의 삶이 부활하기 시작했다.

나를 여자로 만드시고 가정에서 아내와 엄마로 살게 하신 하나님의 계획을 깨닫기 시작했고, 그것이 얼마나 큰 축복이고 특권인지 이해되었다. 그것은 다름 아닌 나의 가정이 하나님의 킹덤으로 회복되는 것이고, 그리스도가 만왕의 왕 되시는 하나님의 킹덤을 다시 회복하는 것이다.

한 사람의 여자가 마침내 왕이신 예수님의 신부가 되기까지의 여정에는 그 누구보다 가장 뜨겁게 관심을 가지고 응원하시며, 끝까지 승리하도록 자신이 가진 모든 것을 쏟아 붓는 예수님이 계시다. 마치 애벌레가 한 마리의 나비로 탈바꿈 해 하늘로 날아오르는 것과 같이 왕의 신부가 세상에 등장하는 것은 주님의 소망이고 온 세상이 바라는 것이기 때문이다.

왕의 신부 입장!

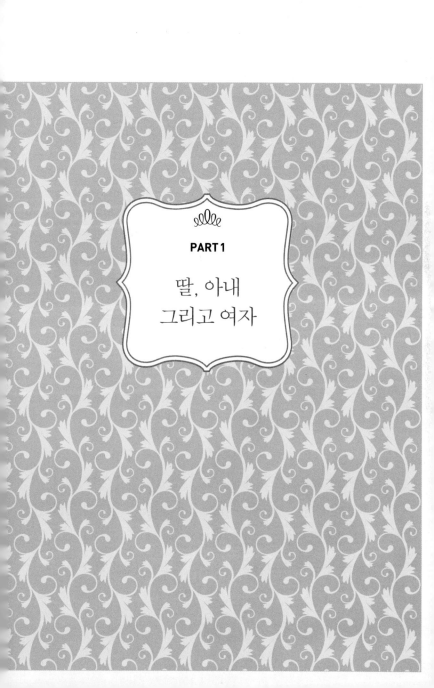

**PART 1**

딸, 아내
그리고 여자

## 01

# 왕을 만나다

**애벌레는 나비가 되다**

2008년 가을부터 남편은 절친한 친구와 함께 4개월간의 글로벌 기도여행을 하게 되었다. 남편은 미시간대학에서 학생들을 가르치던 교수직을, 남편의 친구는 심장과 전문의 일을 잠시 휴직하고 '하나님이 사랑하시는 세상을 보여주길 원한다'는 하나님의 초청에 어린아이와 같은 믿음으로 순종하고 나섰다.

하와이 코나에서 출발한 그들은 한국을 거쳐 중국으로 향했다. 중국에 도착할 즈음, 그는 너무나도 선명한 한 가지 환상을 보게 되었다.

온 땅에 무언가 작은 것들이 아주 열심히 그러나 매우 느리게 움직이고 있었다. 그렇게 움직이는 것들은 한 두 개가 아니다. 수많은 것들이 온 땅 위를 꿈틀꿈틀 움직이고 있었다. 도대체 무엇인가 하여 자세히 살펴 보니 애벌레였다.

온 땅을 아주 열심히 그러나 매우 느린 속도로 꿈틀대 며 기어 가던 애벌레들이 어느 순간 하나 둘씩 움직임 을 멈춘다. 그러더니 그들은 그렇게 정지한 채로 한동 안 머물러 있었다.

얼마나 시간이 흘렀을까….

땅에서 무언가 '뾰옹~' 하늘로 올라간다. 그리고 조금 있다가 다른 곳에서도 '뾰옹~' 하더니 여기저기서 하 늘로 올라가고 있다. 아! 바로 나비들이었다. 순식간에 하늘은 형형색색의 아름다운 나비들로 뒤덮였다.

정신과 의사였던 남편이 병원에서 만난 환자들 가운데 다른 사람들 눈에는 보이지 않는 것을 보거나 다른 사람들 귀에는 들리지 않는 소리가 들려서 찾는 사람들이 있었다. 그러면 남편은 그들과 면담을 하고 필요한 약을 처방해 주었다. 그들이 무언가를 보거나 듣거나 하는 것이 없어지도록 필요에 따라 더 강한 약을 주며 그 증상을 치료했던 것이다.

그런데 그가 막상 무언가를 보게 되는 일이 생기자 남편은 혼자 웃지 않을 수 없었다. 도대체 무슨 일이 벌어지고 있는 것일까? 그러면서 그는 성경 말씀이 생각났다고 한다.

"그 후에 내가 내 영을 만민에게 부어 주리니 너희 자녀들이 장래 일을 말할 것이며 너희 늙은이는 꿈을 꾸며 너희 젊은이는 이상을 볼 것이며"(욜 2:28).

지금은 아마 정신과 의사도 환상을 보는 시대인가 보다.

몇 년 전에 창조과학 사역을 하시는 분과 대화를 나눈 적이 있는데, 그분이 애벌레가 나비가 되는 과정이 얼마나 신비로운지 설명을 해 주셨다.

나비가 되기 위해서 애벌레는 자신의 모습에 머물러 있을 수 없다. 꿈틀대고 기어다니는 애벌레의 삶을 멈추고 번데기의 모습으로 탈바꿈해야 한다. 번데기 안에서는 자신의 존재가 완전히 해체되어 마치 액체 상태의 죽처럼 변하는 과정을 겪어야 한다.

'나의 존재가 사라지고 있는 것 같아!' 그러나 그의 존재는 이제 새롭게 만들어지기 시작한다. 죽처럼 변한 형질로부터 나비의 아름다운 날개가 만들어지고, 안테나가 만들어지고, 투명하고 맑은 눈이 만들어지고 있었다.

애벌레 적에, 아니 그 훨씬 이전의 알이었을 적에 그 안에는 나비의 형상이 있었다. 나비의 형상이 실제로 드러나기 위해서 애벌레는 애벌레 적의 모습으로부터 죽어야 했고, 아무것도 할 수 없는 시간을 보내야 했고, 결국 모든 것이 분해되고 해체되는 시간까지도 감내해야 했다. 아무런 소망도 없어 보이는 이 시간은 가장 아름다운 나비의 형상을 드러내기 위해 반드시 거쳐야 하는 과정이었다.

죽음과 같은 시간을 통과한 애벌레가 마침내 아름다운 나비가 되어 날개를 저으며 하늘로 날아간다. 나비는 애벌레 적 세계와 차원이 다른 세계를 산다. 2차원의 평면 세계가 아니라 3차원이다. 공중을 날아다니며 세상을 볼 수 있다. 존재하리라고 상상도 못하던 세상을 향해 마음껏 날개를 저어 보고, 그의 눈으로 직접 보고, 발로 만지게 되었다.

이곳 저곳으로 날아다니는 동안 나비의 존재는 그가 속한 세상을 더 풍요롭게 만들고 있었다. 그의 존재를 통해 아름다운 꽃들이 더 많이 만들어지고, 맛있는 과일들이 더 많이 생겨나게 되고, 그의 아름다운 날개짓에 홀린 사람들은 경이로운 세상을 창조하신 하나님을 향해 감탄하게 된다. 애벌레로서는 상상할 수도 없는 일들을 나비가 감당하고 있는 것이다.

나비가 되기 위해 애벌레가 겪은 죽음은 충분히 가치 있었다. 반드시 통과해야 하는 시간이었다. 나비는 애벌레로서 겪었던 죽음과 같은 시간을 아쉬워하지 않는다. 아니 어쩌면 기억조차 못할 것이다. 그의 마음은 나비로서 살아야 할 경이로운 삶으로 가득하기 때문이다.


**도대체 끝은 있나요?**

'내가 살아 있는 목적이 무엇일까? 나의 인생은 어디를

향해 달려가고 있는가?'

여전히 풀리지 않는 질문이 마음 저 밑바닥에 자리 잡고 있었다. 남편과의 관계가 참 많이 좋아졌다. 끝이 없는 악몽일지도 모른다고 생각한 결혼생활이었는데, 정말로 하나님의 은혜로 우리 두 사람의 관계가 이전과 비교할 수 없이 좋아졌다. 그리고 교회를 섬기며 청년들과 삶을 나누는 시간은 나에게 말할 수 없는 힘과 기쁨을 주었다. 죽음을 생각하며 살던 나에게 부어진 더할 나위 없는 축복이었다. 교회의 많은 청년들은 우리를 부러워하며 자신들도 결혼하여 가정을 꾸리면 우리처럼 살고 싶다고 이야기한다.

남편은 부모님이 그렇게도 소망하던 정신과 의사가 되었는데도 불구하고 남들이 부러워하는 그 자리를 뒤로하고 새로운 길을 찾아 하루하루를 신나게 살고 있다. 미시간대학에서 학생들을 가르치고 주말에는 하나님의 마음을 전하는 집회를 인도하느라 한순간도 쉴 틈이 없지만 그에게는 늘 기쁨이 넘쳐흘렀다.

성실하게 하나님을 섬기는 남편을 둔 아내, 힘을 다해 섬길 수 있는 교회가 있는 축복받은 성도, 사랑스런 딸을 둔 엄마, 어느 것 하나 부족할 것 없어 보이는 인생이었지만,

나는 여전히 대답 없는 질문들로 번민하고 있었다. 누군가 나에게 왜 사느냐고 묻는다면 나는 과연 무어라 대답할까?

공부하기 위해 한국을 떠나 미국에 와서 남편을 만나 결혼을 한 뒤 지난 수년 동안 하나님이 나를 단련하고 계신 것을 부인할 수 없다. 무엇이든 마음먹으면 다 할 수 있었는데, 결혼하고 난 뒤 왠지 안 되는 일이 생기기 시작했다. 나는 공부하기 위해 미국에 왔는데, 그 어느 것보다 중요하고 내 삶의 전부이다시피 한 공부를 그만두어야 했다. 인생을 내 마음대로 살 수 있을 거라고 자신만만했던 나는 어느새 아무것도 할 수 없는 무능력한 사람이 되어 있었다. 이 낯선 땅에서 하나님은 내 인생을 뒤흔들고 계셨다. 이전의 내가 아닌 전혀 다른 나를 만들어 가시는 것 같았다. 혹 나의 교만을 꺾고 단련하기 위해 나의 남은 인생 모두를 사용하신다 해도 나는 감히 할 말이 없다. 하나님은 그렇게 하실 권리가 있으신 분이다.

그런데 한 가지 궁금한 것은 지금 내가 지나고 있는 이 연단의 과정이 과연 끝이 있는가이다. 하나님이 왜 나를 만드셨는지, 내 존재의 목적이 무엇인지 깨닫고 마침내 기뻐하며 만족하는 시간이 과연 내 인생에 찾아올까? 단 하루를 살더라도, 아니 단 몇 시간을 살더라도 그 기쁨과 만족함 가운데 살고 싶었다.

"도대체 끝은 있나요?"

2000년 봄 아침나절에 큐티를 하며 성경을 읽어 내려가는데, 순간 나의 시선이 성경 한 구절에 고정되어 버렸다.

"하나님, 도대체 끝은 있나요?"

"물론! 반드시 끝이 있단다."

그렇게 간절히 알고 싶었던 질문에 하나님께서 드디어 대답을 하셨다. 그것도 너무나 분명하게!

"여호와께서 이와 같이 말씀하시니라 바벨론에서 칠십 년이 차면 내가 너희를 돌보고 나의 선한 말을 너희에게 성취하여 너희를 이곳으로 돌아오게 하리라 여호와의 말씀이니라"(렘 29:10).

바벨론에 끌려간 이스라엘 백성이 "여호와여 언제입니까?"라고, 언제쯤이면 이 포로 생활에서 풀려나 고향으로 다시 돌아가게 될지 부르짖었다. 그런데 시간을 만드신 하나님, 모든 일의 처음과 나중을 아시는 하나님께서 그들에게 대답하셨다.

"바벨론에서 칠십 년이 차면"(When seventy years are completed for Babylon, 렘 29:10, NIV).

와! 시간이 차게 되면 끝이 오는구나! 그 끝이 언제일지 나는 잘 모르지만 중요한 사실은, 하나님은 그 끝이 언제인지 정확히 알고 계시다는 것이다. 그 시간이 차면, 단 1초의 오차도 없이 하나님은 그다음 일을 진행하실 것이다. 그분의 계획 안에는 어떤 일들이 완결되기 위하여 시간이 차야 되는 경우가 있나 보다. 우주의 모든 것을 주관하시는 하나님, 그분은 시간을 만드셨을 뿐 아니라 시간을 주관하시는 분이라는 사실을 새삼 깨달으며 나는 경외감을 느끼지 않을 수 없었다. 그 하나님 앞에서 "언제까지예요? 도대체 끝은 있는 거예요?"라고 묻고 있는 내 모습이 너무 부끄러웠다.

"너희를 향한 나의 생각을 내가 아나니 평안이요 재앙이 아니니라 너희에게 미래와 희망을 주는 것이니라"(렘 29:11).

도대체 그 끝에는 무엇이 있냐는 나의 질문에 하나님은

걱정하지 말라고 하신다. 왜냐하면 하나님이 정하신 나를 향한 계획은 평안이고 희망으로 가득 찬 미래를 주는 것이기 때문이다. 와! 놀라웠다. 단 몇 초를 살아도 괜찮다. 나의 삶 어느 땐가 하나님의 약속이 이루어지리라는 사실이 나를 감격하게 만들었다. 나는 이 대답으로 만족했다. 더 이상 바랄 것이 없었다. 더 알 필요도 없었다.

그날, 2000년 3월 20일 이후로 나는 이제 더 이상 "언제까지예요?"라고 질문하지 않기로 작정했다. 그리고 "왜?"라고 묻지도 않기로 했다. 혹시 앞으로 살면서 지금껏 살아온 것보다 더 힘든 일이 있을지라도 괜찮다. 혹 더 답답하고 이해 안 되는 일들이 생길지라도 괜찮다. 왜냐하면 분명히 끝이 있을 것이고, 그 후에는 평안과 희망의 미래를 주시겠다고 하나님이 약속하셨기 때문이다.

"너희가 내게 부르짖으며 내게 와서 기도하면 내가 너희들의 기도를 들을 것이요 너희가 온 마음으로 나를 구하면 나를 찾을 것이요 나를 만나리라"(렘 29:12-13).

내가 하나님을 찾는 것보다 더 나를 만나고 싶어 하시는 분이 하나님이신가 보다. 하나님을 간절히 찾는 나보다 더 하나님은 내게서 찾아지기를 원하시는가 보다. 내가 부르짖을 때 나의 간구에 겨우 대답하시는 분이 아니다. 내가 찾을 때 숨어 있다가 할 수 없이 모습을 드러내시는 분이 아니다.

"마음껏 부르짖어 봐. 내가 다 들어주마. 힘껏 나를 찾아 봐. 내가 꼭 너를 만나 주마. 나를 찾아보렴."

나는 그 하나님을 찾고 싶어졌다. 나는 어린 딸 지원이를 데리고 매일 새벽 교회로 향했다.


**추운 데서 기다리고 계신 왕**

2000년부터 시작된 새벽기도는 잔잔하게 내 인생에 변화를 가져오기 시작했다. 아직도 새근새근 잠자는 어린 딸을 데리고 어두운 새벽을 운전하여 교회 안으로 들어서면 새벽의 찬 공기가 느껴지곤 했다. 딸이 깰세라 조심해서 의자에 눕힌 후 따뜻하게 담요를 덮어 주고 나면 나는 이제 조용히 새벽기도에 집중한다.


사랑해요 목소리 높여(I love you Lord and I lift my voice)

경배해요 내 영혼 기뻐(To worship you O my soul rejoice)

오 나의 왕 나의 목소리(Take joy my King in what you hear)

주님 귀에 곱게 곱게 울리길(May it be a sweet sweet sound in
your ear)


　새벽기도 때마다 혼자 속으로 읊조리던 찬양이다. 찬양을
부르다 보면 조금씩 따뜻함이 느껴진다. 새벽기도는 하루 일
과 중 가장 기다려지는 시간이 되었다. 교회로 향하는 내 마
음속에는 왠지 주님이 나를 기다리고 있을 것 같은 기대로
가득했다. 이제 일찍 일어나는 것도 힘들지 않게 되었다.

　첫딸이 세 살이었을 때 시작한 새벽기도는 셋째 조셉이
태어나자 그만두어야 했다. 둘째와 셋째가 15개월 터울이
라 갓난아기를 포함한 세 아이를 데리고 교회까지 가는 것
이 쉽지 않았기 때문이다. 그리고 연이은 출산으로 좀 쉬어
야겠다는 생각도 들었다. 그렇게 한참을 쉰 후, 막내가 돌이
될 즈음 이제는 그만 자리에서 일어나야겠다는 마음이 들었
다. 그래서 2003년 새해부터 남편이 새벽기도 하러 교회에
간 사이, 나는 집에서 혼자 조용히 기도하기로 했다.

　미시간의 겨울은 왜 그리 추운지…. 거실에 앉아 있다 보

면 새벽녘의 찬 기운 때문에 나는 따뜻한 바람이 나오는 환기구 옆에서 담요를 뒤집어쓰고 앉는다. 그렇게 한참을 기도하다 보면 거실 창문으로 붉게 떠오르는 태양빛이 들어오기 시작하고, 얼마 지나지 않아 교회에서 돌아오는 남편의 기척이 들린다. 세 아이의 엄마가 나름대로 고안해 낸 새벽 기도 모습이다.

막내 조셉이 돌이 지나고 아장아장 걷기 시작한 3월이 되었다. 추운 미시간의 겨울도 이제 끝났다. 그 해 봄 우리 집에 선교사님 한 분이 방문하셨다. 미국에 오실 때면 잊지 않고 앤아버(Ann Arbor)에 들러 우리와 교제를 나누시곤 하는 우간다 선교사님이다. 교회의 온 식구들과 교제를 나누실 뿐 아니라 일일이 기도해 주셔서 온 교회가 기다리며 좋아하는 선교사님이다.

어느 날 아침, 두 명의 성도님이 선교사님을 만나러 우리 집을 방문했다. 우리는 우간다의 소식을 나누다가 함께 기도하게 되었고, 이후 선교사님이 우리 한 사람 한 사람을 위해 기도해 주셨다. 나를 위해 기도할 때였다.

"네가 나를 추운 데서 기다리게 했구나."

나는 갑자기 숨이 멎는 것 같았다. 뭘 어떻게 반응해야 할지 몰라 잠시 멍해졌다. 그러다가 통곡이 터져 나왔다. 손님들이 돌아간 뒤 내 방으로 들어가 침대에 얼굴을 묻고 다시 통곡을 했다.

"주님, 저를 죽여 주세요…."

거실에서 새벽기도를 드릴 때 너무 춥다고 느껴지는 날은 침대에서 꾸물거리다가 결국 따뜻한 침대 안으로 들어가 다시 잠을 청하기도 했다. 하루 이틀 그렇게 지내다가 어느새 따뜻한 봄이 되었건만 나는 새벽기도를 하기로 약속했다는 것조차 까맣게 잊어버리고 있었다.

그런데 내가 따뜻한 침대 안에서 자고 있는 사이에 주님은 우리 집 추운 거실에서 기다리고 계셨나 보다. 만왕의 왕이신 그분께서 나의 약속을 믿으시고 새벽마다 나를 만나러 우리 집 거실에 오셨다니! 내가 따뜻한 침대에서 세상모르고 자고 있는 사이 싸늘한 거실에서 혼자 외롭게 나를 기다리고 계셨을 주님을 생각하자 나는 어디론가 도망가고 싶었다. 너무 부끄럽고 황송했다.

"너희가 내게 부르짖으며 내게 와서 기도하면 내가 너희들의 기도를 들을 것이요 너희가 온 마음으로 나를 구하면 나를 찾을 것이요 나를 만나리라"(렘 29:12-13)는 말씀을 의지하고 나가기 시작한 새벽기도 시간은 나의 삶에 많은 유익을 가져다주었다. 기도하는 것이 무엇인지 알게 되었고, 내 인생의 시간을 하나님께 맡기는 것이 무엇인지 깨닫게 되었다. 내가 계획한 대로 인생이 살아지지 않더라도 마음의 평안을 누리는 법을 배웠다. 그런데 그 어떤 유익보다도 주님은 내가 그 시간에 주님을 만나고 있다는 사실을 알려 주고 싶어 하셨다. 새벽 시간에 기도함으로 말미암아 나의 삶이 달라지고 사람들과 관계가 좋아지고 어려웠던 문제들이 해결되는 수많은 유익보다도 훨씬 더 중요한 것은 나와 주님이 만나고 있다는 사실이었다. 주님께서 나라는 한 사람을 만나기 위해 그 시간을 고대하고 만날 약속을 성실히 지키신 것처럼 나도 주님을 만나는 것을 그 무엇보다도 소중히 여기고 지키기를 원하셨다.

그날 이후 내게는 주님을 만나는 것이 가장 중요해졌다. 그리고 주님과 만나는 약속을 지키려고 노력한다. 특히 주님과 단둘이 만나기로 약속한 새벽 시간을 지키기 위해 최선을 다한다. 혹 피곤하여 일어나기 힘들 때는 잊지 않고 주님께 알려 드린다.

"주님, 오늘은 못 일어나겠어요. 더 잘 테니까 저 기다리지 마세요."

그러나 대부분의 경우, 나는 편하게 잠자는 것보다 주님을 만나는 것이 더 좋다. 그 시간만큼은 어느 누구로부터도, 어떤 분주함으로부터도 방해받지 않고 주님과 만날 수 있기 때문이다. 나는 그렇게 새벽에 만왕의 왕이신 주님과 만나기 시작했다.

"나는 무엇을 하며 살아야 되나요? 내 인생의 목적은 무엇인가요?"

나는 그 새벽에 수많은 질문을 가지고 나갔으나 주님은 질문에 대답하는 대신 내가 주님 안에서 누구인지를 알려 주고 싶어 하셨다.

공부해서 위대한 학자가 되어 큰 업적을 남기며 사람들의 존경과 인정을 받는 사람이 되어야겠다는 꿈을 가지고 미국에 왔지만, 나의 계획과는 달리 이름 없는 가정주부로 살고 있는 나. 그래서 나의 자존감은 무너질 대로 무너져 있었다. 그러나 이 모든 것의 끝이 있을 거라는 말씀을 붙들고 이제 무엇을 해야 될까 새벽기도를 시작했는데, 하나님은 내가 무엇을 할 수 있느냐가 아니라, 내가 하나님 안에서 누구인지를 알려 주고 싶어 하셨다. 내가 혹 하나님을 위해 아무 것도 할 수 없을지라도, 나에게 위대한 일을 해낼 수 있는 능력이 없을지라도 주님은 그런 것에 큰 관심이 없으신 듯했다. 주님은 나의 존재가 소중하다는 것을 알려 주고 싶어 하셨다.

애벌레처럼 꿈틀대며 땅을 기어가는 것 같을지라도, 하나님이 정하신 때에 애벌레는 나비가 된다. 애벌레가 꿈틀대며 기는 것조차 중단하고 누에고치 속에 갇혀 있고, 그 형상조차도 모두 죽처럼 되어 버릴지라도 그 시간을 잘 견디고 나면 마침내 나비가 된다. 애벌레의 노력도, 누에고치의 능력도 아닌 하나님의 섭리에 의해 나비가 되는 것이다.


### 나를 지켜보고 계신 분

대학교 4학년 마지막 학기를 지나는 가을, 나는 내면에서 무언가 흔들리고 있음을 느꼈다. 선한 마음으로 성실하게 최선을 다해 살아가면 이 세상은 과연 좋은 세상, 행복한 세상이 될 수 있을까? 올바르게 산다는 것이 뭘까? 시간은 도대체 어디에서 시작해서 어디에서 마치는 것일까? 왜 갑자기 그런 질문들이 한꺼번에 밀려오는지 나도 모르겠다. 아마 이전에도 그런 질문들을 쏟아 냈겠지만 답을 몰라도 잘 살 수 있었다. 그런데 이번은 그렇지 않았다. 대답을 찾지 못한 질문들은 나를 그냥 내버려두지 않았다. 만약 진리가 있다면 그 진리를 알고 싶었다.

몇 달을 끙끙거리며 고민하다가 같은 학과 친구의 소개로 1988년 새해 첫 일요일에 나는 상도동 장승배기에 있는 한 교회로 발길을 옮겼다. 이곳에서 나의 질문에 대한 해답을 얻을 수 있을까? 많은 사람들이 좁은 공간에 촘촘히 의자를 놓고 예배를 드리고 있었다. 말씀을 전하시는 목사님은 경상도 사투리가 확연한 목소리로 그 한겨울에도 땀을 흘려 가며 설교를 하셨다.

"나다나엘이 이르되 어떻게 나를 아시나이까 예수께서 대답하여 이르시되 빌립이 너를 부르기 전에 네가 무화과나무 아래에 있을 때에 보았노라"(요 1:48).

설교를 마친 뒤 목사님이 다 같이 기도하자고 하신다. 나도 눈을 감았다. 한참 이어진 기도가 끝난 뒤 눈을 뜬 나는 깜짝 놀라고 말았다. 나의 눈에서 눈물이 흘러내려 치마 위에 자국을 내고 있었고 내 코에서는 콧물이 무릎 위로 줄줄 흘러내리고 있었다. 당황한 나는 일단 흘러내리는 긴 콧물을 손가락으로 끊어야 했다.

그런데 이런 난감한 일은 그날 하루로 끝나지 않았다. 다음 주에도 또 그다음 주에도 계속되었다. 성경을 모르던 나는 목사님이 설교하시는 내용이 무엇인지 잘 이해하지 못했다. 복음서 강해를 할 때도 그렇고, 이사야서 강해를 할 때도 내용을 잘 몰랐지만, 말씀을 듣는 내내 나는 하나님의 말씀 속으로 빨려 들어갔다. 그리고 설교가 끝난 뒤 마치는 기도를 할 때면 다시 눈물 콧물 범벅이 되어 버렸다. 주님은 그렇게 나를 만나 주셨다.

그 해 봄 어느 날, 대학원 실험실을 나와 집으로 가기 위해 정류장에서 버스를 기다리고 있었다. 봄날 초저녁의 길거리에는 꽃을 파는 손수레에서 풍겨 오는 꽃내음이 은은하게 깔려 있었다. 버스를 기다리고 있는 나의 마음이 괜히 두근거렸다. 마치 누군가가 나를 쳐다보고 있는 것 같았다. 그런데 그 시선은 사랑이 가득하고 아주 따뜻했다. 나는 너무 부끄러운 마음에 피하려고 했지만 그 시선은 저 넓고 높은 하늘에서 내려다보고 있었기에 내가 피할 방법이 도무지 없었다. 버스를 타고 집으로 돌아오는 내내 나는 온 세상이 마치 나만 쳐다보고 있는 것 같았다. 비좁은 버스 안에서도 그 시선은 나를 놓치지 않고 바라보고 있었다.

버스에서 내려 집 안에 들어서자마자 나는 얼른 방으로 들어가 이불을 뒤집어썼다. 그러면 나를 쳐다보던 그 시선으로부터 숨을 수 있을 것 같았다. 이불을 머리끝까지 뒤집어쓰고 숨을 죽이고 있는데, 아! 이불 안에서도 그 사랑의 눈빛은 나를 보고 있었다. 이불 안은 마치 따뜻한 온실 같았다. 나는 이불 안에서 눈물을 흘리며 울어 버렸다.

그날 이후로 나는 이전의 내가 아니었다. 나는 새로운 사람으로 거듭나고 있었다. 그리스도 안에서의 새로운 삶. 나는 마치 어린 아기가 걸음마를 배우듯 그렇게 한 걸음 한 걸음 걷는 연습을 하고 있었다. 그렇다고 해서 나의 삶이 하루아침에 변한 것은 아니었다. 아직도 옛 모습이 남아 있었고 그중에 어떤 옛 모습은 내가 용납한 것들도 있었다.

두 가지 다른 세상이 내 안에 공존하면서 이전에는 몰랐던 내면의 싸움이 시작되었다. 일주일 내내 그렇게 싸우다 주일에 교회에 가면 목사님의 설교 말씀은 마치 나를 위해 준비한 것 같았다. 내가 두 세계와 싸우면서 갈등하고 질문하던 것들을 목사님은 설교를 통해 그 답을 주셨다. 이런 일이 계속되자 나는 내심 이렇게 생각하게 되었다.

'저 목사님은 독심술을 하시나 봐.'

내 얼굴을 보면 내가 어떤 생각을 하는지, 어떤 삶을 살고 있는지 훤히 꿰뚫어 보시는 것은 아닐까? 내가 너무 가여워서 매 주일 나를 위해 설교 말씀을 준비하시는 것으로 생각했다. 목사님의 설교는 내게는 생수와 같았다. 설교 시간을 통해 들려준 말씀은 일주일 내내 살아서 나의 마음을 만졌다. 그 말씀은 이 세상의 어느 누구를 위해서가 아니라 바로 나 한 사람을 위해 선포되는 말씀이었다. 나는 그렇게 나를 배려해 주시는 목사님이 참으로 감사했지만 한편으론 두려워지기 시작했다. 나의 속을 꿰뚫어 보는 듯해서 목사님과 마주칠 일이 있으면 얼른 피해 버리곤 했다.

교회에 나간 지 1년 반가량이 되자 나의 내면은 두려움 대신 하나님의 사랑으로 풍성히 채워졌다. 그동안 목사님과 사모님께 감사했던 마음을 전달하고 싶어서 처음으로 목사님 댁을 찾아갔다. 사모님이 정성스레 차려 주신 맛깔 난 음식을 먹고 나서 목사님과 처음으로 대면하여 대화를 나누게 되었다.

더워지기 시작한 초여름 저녁, 목사님은 파리 떼들을 손수건으로 쫓으시며 내가 어떤 얘기를 할지 궁금한 표정으로 나를 바라보셨다.

"목사님, 혹시 독심술 하세요?"

지난 1년이 넘도록 그토록 궁금했던 것을 나는 그날 저녁 비로소 목사님께 물을 수 있었다. 얼마나 웃으셨을까? 한참을 웃다 겨우 진정하신 목사님은 '독심술'이 아니었음을 내게 이해시켜 주셨다.

주님은 내가 그분을 전혀 모를 때도 이미 나를 멀리서 지켜보고 계셨다. 아니 가까이 계셨을지라도 나는 그분을 알아보지 못했을 것이다. 드디어 내가 주님 앞에 나아와 그분을 알아보게 되었을 때 주님은 너무 기뻐서 그 후로 한시도 내게서 눈을 돌리지 않으셨나 보다. 주님은 내가 어디를 가든 무엇을 하든 나와 눈 맞추고 싶어 하셨다. 그리고 내가 무슨 생각을 하고 있는지, 어떤 고민을 하고 있는지 관심을 가지셨고 정성스럽게 대답해 주셨다. 주님은 나와 마음을 함께 나누기를 원하셨던 것이다.

## 02

# 내가 계획한 인생을 꺾으시다

**내 꿈을 이뤄 줄 꿈의 무대로**

"하나님, 미국에 가서 공부할 수 있게 해 주세요! 저는 한
국을 떠나야 돼요."

하나님의 뜻을 묻는 것이 아니었다. 나는 이미 마음의 결
정을 했고, 길을 열어 달라고 하나님께 조르고 있었다. 지난
3년의 신앙생활 중 정말 처음으로 진지하게 하나님께 무언

가를 간구하고 있었다. 나의 머릿속엔 내가 미국에 가서 공부하는 것을 하나님이 기뻐하실까에 대한 질문도 없었다. 그만큼 절실했다.

답답했다. 마치 나를 둘러싼 환경이 점점 조여드는 것 같았다. 20대 중반을 넘어서자 이 느낌을 더더욱 떨쳐 버릴 수 없었다. 한국이라는 좁은 나라를 떠나 꿈의 나라, 세계의 중심인 미국에 가야겠다고 결심했다. 딸의 계획을 들으신 부모님의 안색에는 염려가 가득했다. 낯선 나라에 딸을 보내자니 기가 막힌 모양이었다. 사실 두려운 마음이야 나도 마찬가지였다. 그러나 누가 뭐래도 나의 결심은 흔들리지 않았다. 나는 인생에서 첫 번째 모험을 시도하고 있었다.

마음을 정하고 나니 담대해졌다. 이곳저곳 정보를 뒤지며 본격적인 유학 준비를 하자 엄마는 걱정이 태산이었다. 학비 때문이었다. 나는 하나님이 미국에 갈 수 있게 해 주신다면 학비도 책임져 주실 거라는 믿음이 생기기 시작했다.

1992년 봄이 되자 입학원서를 보낸 여러 대학들 중에서 미시간대학으로부터 답장이 왔다. 가을 학기 입학을 허락한다는 내용과 함께 첫 해에는 외국 학생들에게 장학금을 줄 수 없다는 내용도 들어 있었다. 이제 남은 유일한 방법은 국비장학생 시험에 응시하는 것이었다. 경쟁이 만만찮았지만 다른 길이 없었다. 다시 대책 없는 믿음이 생기기 시작했다.

'그 장학금은 내 몫이야!'

8월이면 미국으로 떠나야 했지만, 여러 번의 시험을 거쳐 국비장학생 최종 발표가 난 것은 7월 말이었다. 그런데 하나님이 나의 길을 응원하시는 모양이었다. 내 이름이 높은 경쟁률을 뚫고 합격자 명단에 올랐다.

미국으로 떠날 날을 며칠 앞두고 교회에서는 함께 기도하며 파송식을 해 주었다. 그동안 한 가족처럼 지내던 형제자매들이 잘 다녀오라고 축복해 주었고 더러는 아쉬움의 눈물을 흘리기도 했다. 떠나는 날 김포공항에는 아버지와 동생이 배웅을 나왔다. 부모가 그렇게 말렸는데도 굳이 떠나는 딸에 대한 서운한 빛이 아버지 얼굴에 역력했다. 코끝이 찡했다. 인사를 마치자마자 나는 얼른 게이트로 향했다. 아버지는 어떤 마음으로 내 뒷모습을 바라보고 있을까? 나는 감히 뒤돌아볼 수 없었다.

비행기에 앉아 창밖으로 펼쳐진 눈부신 하늘을 바라보며 나는 생각했다.

'이것이 최선이다. 미국 땅에서 어떤 삶이 펼쳐질지는 모르지만 아무래도 괜찮다.'

낯선 땅에 딸을 보내야 하는 부모님을 생각하면 마음이 아프지만 그래도 나는 이렇게 떠나야 했다. 새로운 곳에서 마음껏 뜻을 펼치며 내 인생을 그려 가겠다는 꿈으로 가슴이 벅찼다.

미국에 도착한 후 공항에서 학교로 오는 내내 나는 이 나라가 정말 크다는 것을 실감했다. 잘 도착했다고 전화했더니 동생이 아버지 소식부터 알렸다.

"언니가 게이트로 들어가는 뒷모습을 보고는 우리 아버지가 눈물을 비치시더라…."

우리 아버지가 눈물을 흘리셨다고? 흔들리려는 마음을 나는 재빨리 떨쳐 버렸다.


## 예상치 못한 결혼

그렇게 고대하던 미국 생활을 하면서 나는 참으로 하나님께 감사했다. 내가 태평양을 건너 미국에 와서 공부를 하게 되다니! 더구나 학비 걱정 없이 공부할 수 있게 되다니!

유학을 결정한 뒤 미국에 오기까지 1년 남짓한 기간 동안 하나님은 불가능할 것 같은 상황을 가능으로 변화시키셨다. 모든 것이 하나님의 은혜인 줄 누구보다 잘 알기에 나는 하루하루가 감사했고 더 이상 바랄 것이 없었다. 잠자는 시간을 쪼개 공부해도 힘들지 않았고 가족을 떠나 혼자 있는 일도 그리 어렵지 않았다.

미국에 와서 공부할 수 있는 특권을 누리고 있다는 사실만으로 그저 감사했다.

"하나님, 감사해요. 최선을 다해 열심히 공부할 게요!"

하나님의 은혜를 알기에 아무리 바쁘고 급한 일이 있어도 주일예배와 주중에 있는 성경공부 모임을 소홀히 하지 않았다. 공부하는 시간을 제외하고는 힘닿는 대로 열심히 교회를 섬겼다. 정말 아플 여유도 없이 미국 생활의 첫 해가 후딱 지나갔다.

미국 생활의 둘째 해 겨울이었다.

기말고사 준비로 바쁜데 교회의 한 청년으로부터 전화가 왔다. 목사님이 침이 마르도록 칭찬하던 의대 졸업반인 교포 청년이었다. 웬일인지 얼마 전부터 목사님과 사모님이 이 청년을 나와 연결시키려고 애쓰셨다. 괜한 수고를 하시는 것 같아 두 분께 죄송했다.

딱 한 시간만 내어 달라고 해서 나갔더니 그는 자신의 인생에 대해 이야기하기 시작했다. 지금껏 어떻게 살아왔는지, 앞으로는 하나님을 위해 무슨 계획을 가지고 있는지, 어떻게 살 것인지를 마치 학술대회에서 연구 발표하는 것처럼 조목조목 설명했다. 한 시간가량 일방적으로 발표를 마친 그는 다짜고짜 내게 물었다.

"나와 함께 이 길을 가지 않겠어요?"

결혼 신청을 하는 것 같은데 "결혼해 주시겠어요?"라고 묻지 않았다. 나를 얼마나 사랑하는지도 이야기하지 않았다. 인생을 살면서 몇 번 경험해 보지 못할 신기한 상황이 내 앞에서 벌어지고 있었다.

어떻게 대답해야 하나?

짧은 순간이었지만 놀랍게도 확신이 왔다. 한 시간 전만 해도 그는 나와 전혀 상관없는 사람이었다. 그런데 지금은 이 청년이 하나님이 정해 놓으신 나의 배우자라는 확신이 들었다. 그에 대해서 아는 것이 거의 없는데….

하지만 하나님이 주시는 확신이 더 중요했다. 그래서 마지막으로 한두 가지 질문을 한 후 "예스"라고 대답했다. 짧은 첫만남을 마치고 그가 나를 집까지 데려다주었다. 아파트로 들어가는 나를 향해 그가 조심스럽게 물었다.

"악수해도 될까요?"

그 악수와 함께 내 인생의 두 번째 모험이 시작되었다. 이 청년이 어떤 사람이든, 결혼이 무엇인지 잘 몰라도, 나는 이 모험도 멋지게 해내리라는 자신이 생겼다.

1994년 늦은 가을, 우리는 결혼식을 올렸다. 신혼살림을 차렸지만 나는 공부하느라, 남편은 이제 막 시작된 미시간 대학병원 정신과 레지던트 1년 차를 보내느라, 우리 둘 다 정신이 없었다. 바쁘게 학교 갈 채비를 하는 나를 남편이 물끄러미 쳐다보며 말했다.

"아침밥 안 줘?"

아! 내가 아침밥을 해 줘야 하는 건가? 미국에 온 뒤로 아침밥을 먹어 본 기억이 없는 나는 당황했다. 그리고 그날 이후 나는 내게 엄청나게 많은 일들이 주어졌다는 사실을 실감했다. 당시는 늘 시간과 다투던 때라 결혼 이후 갑자기 늘어난 집안일을 그야말로 대충 '해치웠다.' 그런 다음 공부에 전념하려 하면 남편은 기가 막히다는 표정을 지었다. 그런 일이 반복되면서 우린 둘 다 서로를 바라보며 어이없는 표정을 짓곤 했다.

남편은 내가 믿음 좋은 여인이라 생각해서 결혼한 터라 공부에만 마음이 뺏긴 나를 이해하지 못했다. 그런 남편을 바라보는 나도 황당하기는 마찬가지였다. 남편이 결혼 신청을 한 날, 나는 분명히 그에게 "나는 평생 공부하며 살 건데 괜찮겠느냐"고 물었고 그는 "예스"라고 대답했다. 그때 남편은 흔쾌히 괜찮다면서 오히려 공부하는 아내를 두는 것이 더 좋다고 대답했다. 그 많은 궁금증을 뒤로하고 한 가지 사실만 확인하고 결혼을 결심했건만, 남편은 이제 와서 공부하는 나를 못마땅하게 여겼다.

내게는 공부하는 것도 하나님의 일이라고 아무리 설명해도 남편은 내 말을 들으려 하지 않았다. 당장 해야 할 공부가 쌓여 있었기에 남편을 이해시키기 위해 시간을 쓰는 것조차도 내게는 쉬운 일이 아니었다. 이전에는 밤새워 공부했는데, 이제는 밤새워 서로가 옳다고 주장하며 부부싸움을 하고 있었다. 하나님이 주신 확신으로 시작한 결혼생활은 마치 악몽을 꾸는 것 같았다. 하지만 정작 내가 힘든 것은 행복하지 않은 결혼생활이 아니라 공부에 집중할 수 없다는 사실이었다. 두 사람의 갈등은 좀처럼 나아지지 않았다.

## 억울한 피해자의 변명

결혼을 한 지 1년이 지나고 있지만 우리 둘의 모습은 전혀 나아질 줄 몰랐다. 두 사람 모두 해야 할 일이 많건만 서로 의견이 다를 때는 어느 누구도 물러서지 않고 팽팽하게 맞섰다. 답도 없는 논쟁을 벌이다가 답답한 마음에 밖에 나와 깜깜한 밤하늘을 쳐다보면 그 하늘은 마치 나의 영적인 상태를 보여 주는 것 같았다.

그 무엇보다도 하나님을 사랑하고 열심히 섬기던 나였는데, 결혼하고 남편과의 불화가 쌓이면서는 하나님과의 교제가 옛날 같지 않았다. 답답한 마음을 털어 놓아도 하나님이 듣고 계시지 않는 것 같았다. 하나님이 계신 하늘이 온 세상에 다 열려 있지만, 내 위의 하늘은 마치 깜깜한 밤하늘처럼 단단히 닫혀 있는 느낌이었다. 나는 하나님과도 그리고 남편과도 마음을 나누지 못하고 있었다. 나의 시간들은 공부가 아닌 남편과 다투는 일에 사용되었다.

결혼생활이 1년 반쯤 지났을 때 나는 더 이상 박사과정을 계속할 수 없었다. 갑자기 모든 것이 끝나 버린 것 같았다.

'나는 이제 무엇을 하며 어떻게 살지?'

내가 세상에 존재해야 할 이유가 사라져 버린 것 같았다.

얼마 전까지만 해도 나는 모든 것을 할 수 있는 여자였다. 그런데 한순간에 아무것도 할 수 없는 여자가 되어 버렸다. 나는 그런 나를 용납할 수 없었다. 아무리 이해해 보려 해도 이해되지 않았다. 삶을 지속시키는 것조차 쉽지 않았다.

그렇게 죽음과 같은 시간을 보내고 있을 때 하나님은 내게 생명을 바라보게 하셨다. 첫아기를 임신한 것이다. 뱃속의 아기는 나에게 죽음과 같은 인생일지라도 살아 있어야 할 이유가 되어 주었다.

실패자! 이런 모습으로 차마 사람들 앞에 설 수가 없었다. 내가 미국에 있는 것이 그나마 다행이라는 생각이 들었다. 이렇게 크고 다양한 사람들이 모여 사는 미국이라는 나라는 내가 숨어 살기에 참 편리한 곳이었다.

'나는 한국에 안 돌아갈 거야!'

나는 어느새 한국이라는 나라를 마음속에서 지우고 있었다. 그럴수록 더 깊이 숨게 되었고 더 많이 가리게 되었다. 우울증이 심해지고 있었다.

내 인생의 첫 번째 실패, 그것은 내가 한 남자의 아내가 되면서 치르는 고통이었다. 결혼을 안 했더라면, 저 남자의 아내가 되지 않았더라면…. 나는 그때까지 여자이기 때문에 불이익을 당한 적이 없었다. '공부 잘하는 똑똑한 여학생'이었고 '술도 곧잘 마시는 여자'였다. 그런데 아내가 되는 것은 내가 가진 능력과는 상관없는 일이었다.

아내라는 이름 안에는 남편이 아내의 인생을 함부로 간섭해도 된다는 허가증이라도 들어 있는 것일까? 그렇게 간섭하다가 아내의 인생을 다 망가뜨려 놓아도 괜찮은 건가? 내가 아내라는 사실이 싫었다.

남편이 내 인생을 다 망가뜨려 놓았다. 내 인생뿐만 아니라 한국에 있는 내 가족의 꿈도 망가뜨려 놓았다. 과연 남편은 자기가 저지른 일이 얼마나 큰일인지 알고 있을까? 남편도 힘든 결혼생활 때문에 4년 레지던트 과정을 5년 만에 마치기는 했지만 어쨌든 정신과 의사가 되었다. 남편이 어엿한 의사가 되자 누구보다 시부모님이 좋아하셨다. 그런데 나는 박사과정도 미처 못 끝내고 딸 노릇조차 제대로 못하고 있었다.

남편은 아침마다 병원으로 출근하여 하얀 가운을 입고 닥터라고 불렸지만, 나는 오늘 하루도 어떻게 제정신으로 버틸까 괴로워하며 우울증에 시달리고 있었다. 나는 너무 억울했다. 아내는 이렇게 힘들어하는데, 버젓이 교회에 가서 청년들을 가르치고 하나님의 사랑에 대해 이야기하는 남편이 가증스러웠다.

'남편이 망하는 모습을 보고야 말 거야!'

나도 모르게 남편이 나처럼 망해 버렸으면 좋겠다는 생각을 했다. 남편이 잘되는 것이 나의 기쁨이 아니라, 그가 망하는 것이 나의 기쁨이 될 것 같았다.

남편을 향한 증오로 나의 우울증이 더 깊어지고 있을 때 남편이 어느 순간부터 달라지기 시작했다. 미안하다는 말을 하기 시작하더니 침울해 있는 나를 밝은 모습으로 위로했다. 늘 어두운 엄마를 대신해 좋은 아빠가 되어 주기 위해 딸을 극진히 살폈다.

그의 내면에 뭔가 큰 변화가 일어났음에 틀림없었다. 그가 변하고 나니까 나는 이제 싸울 상대조차 없어지고 말았다. 그의 변화를 지켜보며 1년, 2년을 지내던 어느 날 문득 이렇게 사는 삶의 끝은 무엇일까를 생각하게 되었다.

내 인생은 이미 망했고, 남편의 인생도 반드시 망하는 것을 보고 말 것이고, 그러면 내 딸은 어떻게 되지? 결국 모두 망하는 것이구나.

나는 그날 오랜 잠에서 서서히 깨어나기 시작했다.

"도와주세요!"

정말 오랜만에 하나님께 나의 마음을 열어 놓았다. 나의 간구를 기다리기라도 한 듯 하나님은 즉시 내게 응답하셨다. 먼저 나의 마음 깊은 곳에 꽁꽁 숨겨진 우상, 바로 공부가 나의 우상이었음을 보게 하셨다. 공부가 내게는 하나님을 섬기는 도구라고 아무리 설명해도 납득하지 못하던 남편이 그제야 이해되었다. 남편은 내가 증오할 대상이 아니라 도리어 내 안에 숨겨진 우상을 드러나게 해준 고마운 사람이었다.

나는 하나님께 회개했고 남편에게도 용서를 구했다.

하나님은 가정이라는 기관을 거룩하게 디자인하신 것 같다. 그래서 가정 안으로 들어오면 우리의 죄악된 모습들이 하나 둘씩 드러나기 시작하고 부부간에도 갈등이 생긴다. 가정을 통하여 하나님은 우리를 거룩하고 순결하게 만들고 계신 것이다.

얼마 후 나는 CCC를 섬기는 어느 미국 분의 간증이 담긴 비디오를 보게 되었다. 알코올중독자인데다 폭력까지 휘두르는 아버지로 인해 엄마는 결국 자살을 했고 가족은 모두 뿔뿔이 흩어졌다. 간증자는 시간이 흘러 평생을 증오하던 아버지가 교통사고를 당해 입원했다는 소식을 듣게 되었고, 병원으로 향하면서 갈등하던 내면을 이야기했다. 나와 상관없는 상황이라 대강대강 듣고 있는데 그의 말 한마디가 나의 가슴을 쳤다.

"사람을 증오할 때 남모르는 쾌감이 있다."

지난 몇 년간의 내 모습이 선명하게 떠올랐다.

남편은 악한 가해자였고 나는 선량한 피해자였다. 내가 피해자라고 생각하는 순간 나는 어그러진 내 인생에 대해 책임을 지지 않아도 되었다. 왜 우리 부부가 그토록 불화했는지, 왜 나는 공부를 계속할 수 없었는지, 내 모습에 대해 하나님은 과연 뭐라 말씀하실는지, 모두 내가 책임질 일이 아니었다. 나는 다만 피해자일 뿐이었다. 불의한 세상에서 나는 연약한 피해자일 뿐이었다.

뿐만 아니라 내가 믿고 있는 가해자의 악한 모습을 묵상하고 또 묵상하는 동안 나는 속으로 그를 정죄하고 있었다. 이 세상 사람은 모르고 나만 아는 그의 가증스러운 위선, 마치 내 손에 정의의 칼이 들려 있기라도 한 것처럼, 나는 그 칼로 남편을 마음껏 정죄하고 있었다.

그러다 나는 남편을 증오하고 정죄하는 그 일로 조금씩

조금씩 기쁨을 맛보고 있었다. 나의 억울함이 밝혀질 그날을 기다리며 나는 마음속에 남편을 향한 증오를 차곡차곡 쌓아놓고 있었다. 그 악한 생각을 묵상하며 지내는 동안 세 식구가 누릴 수 있었던 가족의 행복을 빼앗겼고 나의 영은 피폐해져 갔고 인생의 소중한 시간도 빼앗기고 있었다.

지난 수년 동안 내 마음속에 자리 잡고 있던 그 악한 생각들이 그제야 보이기 시작했다. 그 순간 나는 깊은 악몽에서 깨어나고 있었다.

나는 억울한 피해자가 아니었다. 피해자라는 허울을 뒤집어쓴 채 진실과 대면하기 두려워 끊임없이 남편을 가해자로 만들었을 뿐이었다. 나를 피해자로 만듦으로써 나의 악함을 두둔하고 있었던 것이다.

나는 그제야 비로소 나 스스로 꽁꽁 묶어 둔 거짓의 굴레를 보게 되었다. 그리고 이제는 더 이상 그 굴레에 묶여 있어서는 안 된다는 것을 절감했다. 온 창을 어둡게 쳐 둔 커튼을 비로소 활짝 열어젖혔다. 거울에 비친 여자의 얼굴을 향해 억지로라도 미소를 지어 보았다. 남편이 좋아하는 맛있는 저녁식사를 준비하기 위해 앞치마를 둘렀다.

"주님, 정말 새로 시작하고 싶어요!"

## 03

# 아버지의 시간 속으로

**알파와 오메가의 하나님**

"나는 이제 더 이상 숨어 있지 않을 거야!"

그동안 나를 붙잡고 있던 그 무언가에 소리치고 싶었다.
다시는 이전으로 돌아가고 싶지 않았다. 그러려면 먼저 그
동안 부정했던 나의 악한 모습을 숨기지 말고 있는 그대로
드러내야 할 것 같았다. 그다음 주 청년부 모임에서 나는 지

난 수년간의 일들을 간증했다.

'내 얘기를 듣고 나서 그들이 나를 어떻게 생각할까?'

두렵기도 했지만 혹 부끄러움을 당하더라도 나의 모습 그대로 드러내고 모두로부터 용서받고 싶었다.

간증을 다 마치고 고개를 떨구고 서 있는데, 누군가 조용히 다가와 나를 꼭 안아 주었다. 그 뒤에는 또 다른 학생이 기다렸다가 아무 말 없이 나를 안아 주었다. 어떤 자매는 나를 끌어안은 채 그만 울음을 터뜨렸다. 그날 청년부 모임에 참여한 청년들은 부끄러운 나를 그들의 사랑으로 따뜻하게 덮어 주었다.

그리고 1999년 새해가 되면서 목사님은 나를 청년부 담당으로 임명하셨다. 한국에서 꿈을 안고 온 유학생들과 미국 교포 학생들을 담당하게 된 나는 학생으로서 실패하고 평범한 가정주부의 길을 가고 있는 아줌마였다. 너무나 어울릴 것 같지 않은 조합이었지만 이 젊은이들로 인해 나는 아주 행복한 시간을 보낼 수 있었다. 내가 그들을 섬기는 것 이상으로 그들은 무너진 나의 자존감을 세워 주었고, 좌절감에 빠진 내가 일어설 수 있도록 힘과 위로가 되어 주었다.

친정이 멀리 한국에 있는 내게 교회 식구들은 친가족과

다름없었다. 우리 집은 항상 청년들을 위해 열려 있었고 그들은 언제든지 와서 서로의 고민을 털어놓고 함께 기도했다. 우리 아이들은 이 청년들 사이에서 그들이 쏟아 붓는 사랑을 듬뿍 받으며 무럭무럭 자라났다. 내가 아이를 낳을 때마다 교회 식구들은 마치 친정엄마처럼 미역국을 끓여다 주고 산후 조리를 도와주었다. 내게 교회 공동체는 가족이나 다름없었다.

뜨거운 열정으로 미국 땅을 밟은 젊은 여자는 어느덧 세 아이의 엄마가 되었다. 이제 아줌마라는 호칭은 낯설기는 커녕 정겨운 소리로 들리기까지 한다. 아이들이 부쩍부쩍 크는 만큼 내 인생의 시간도 빠르게 지나갔다. 그리고 이제는 감히 고백할 수 있게 되었다.

"하나님, 감사해요. 지금의 모습에 만족합니다."

그런데 하나님은 허물과 죄로 다 낭비해 버린 것 같은 나의 지난 세월에도 당신의 계획이 있었음을 알려 주셨다.

2004년 새해 아침에 알파와 오메가의 하나님은 '시간'이 그분께 속해 있음을 알려 주셨다. 그리고 나의 잃어버린 시간조차 모두 되갚아 주실 것을 기대하라고 말씀하셨다.

"내가 전에 너희에게 보낸 큰 군대 곧 메뚜기와 느치와 황충과 팥중이가 먹은 햇수대로 너희에게 갚아 주리니 너희는 먹되 풍족히 먹고 너희에게 놀라운 일을 행하신 너희 하나님 여호와의 이름을 찬송할 것이라 내 백성이 영원히 수치를 당하지 아니하리로다 그런즉 내가 이스라엘 가운데에 있어 너희 하나님 여호와가 되고 다른 이가 없는 줄을 너희가 알 것이라 내 백성이 영원히 수치를 당하지 아니하리로다"(욜 2:25-27).

2005년이 끝나 가고 있었다. 한 달 남긴 12월의 달력을 보며 나는 마음이 두근댔다. 이 마지막 달이 가기 전에 무언가 꼭 해야 할 일이 있을 것 같았다.

2003년 여름 자마(JAMA: Jesus Awakening Movement for America) 대회에 로렌 커닝햄 목사님이 오셔서 며칠간 교제를 나눌 수 있었다. 그때 커닝햄 목사님은 남편에게 하와이 코나에 있는 열방대학에 방문할 것을 권유하셨다. 남편이 미시간 대학에서 '타문화 이해와 관계'에 대해 가르치고 있었는데, 그 주제로 강의해 달라는 요청이었다.

그 해 12월과 2006년의 새해를 우리는 하와이 열방대학

캠퍼스에서 지냈다. 마땅한 계획도 없이 무작정 방문한 것이었지만, 하나님은 우리가 머무는 2주 동안 많은 리더들을 만나게 하셨고 하나님이 하실 일들을 놓고 함께 마음을 나누도록 하셨다. 감사한 마음으로 돌아오면서 우리 부부는 돌아오는 여름에는 온 가족이 함께 와서 훈련을 받아야겠다는 계획을 세웠다.

2006년 6월 말, 코나에서 6개월간의 훈련을 받기 위해 우리 가족은 짐을 꾸렸다. 나는 그 누구보다 기대로 마음이 부풀어 올랐다. 마치 이 시간을 기다려 온 사람 같았다.

하프타임(Half Time)! 40년을 살았으니 인생의 절반쯤 살았을까?

이제 인생의 후반전은 전반전과 달라야 한다고 나 자신에게 다짐하고 또 다짐했다. 무엇이 어떻게 달라야 되는지 잘 모르지만, 짐을 싸고 드디어 하와이 코나로 떠나는 비행기에 오르면서 나의 마음은 분명 하나님이 내가 상상하지도 못한 무언가 좋은 선물을 준비해 놓았을 거라는 확신으로 가득 찼다.

## 아버지의 외로운 어린 딸

더운 여름의 바닷바람조차도 상쾌하게 느껴졌다. 훈련이 시작된 지 두 주가 되었다. 이번 주에는 하나님 아버지의 마음에 대해 일주일 내내 강의가 진행되었다. 어느 날 오전에는 말씀을 전하는 강사가 우리를 향한 하나님 아버지의 마음이 담긴 성경 구절들이 빼곡히 씌어 있는 종이 한 장을 나누어 주었다.

'아버지의 사랑의 편지'(Father's Love Letter).

정말이지 아버지가 자녀를 위해 쓴 사랑의 편지 같았다. 강사는 그 내용이 어떤 의미인지를 설명하기 시작했는데, 강사의 설명과 상관없이 나의 기억은 시간을 거슬러 올라가 어린 시절을 향하여 내달리고 있었다.

어릴 적 놀던 동네 골목길. 그 골목길에서 친구들의 이름을 부르는데, 사람의 흔적이 없는 그곳은 화창한 날씨임에도 불구하고 너무나 외로워 보였다. 생각지도 않던 어린 시절의 기억들은 하나같이 외롭다.

그 장면 속의 어린아이가 너무 외로워 보여서 나도 모르게 울컥울컥 울음이 복받쳤다. 남태평양 섬나라 출신의 강사가 혼신을 다해 말씀을 전하건만 나는 원인 모르게 복받치는 감정을 억제하느라 안간힘을 썼다.

　강의가 끝나자마자 나는 자리를 박차고 나와 기도실로 달려갔다. 다행히도 기도실은 한두 사람이 있어서 조용했다. 나는 강의 시간 내내 억누른 울음을 토해 냈다. 왜 울어야 하는지도 모른 채 나는 복받쳐 울고 있었다. 나의 기억은 기도실에서도 여전히 어린 시절을 향해 달리고 있었다. 그런데 이 어린아이의 모습은 어쩐 일인지 온통 외롭기만 했다.

　'왜 저렇게 외로운 거지?'

　이 생소한 감정은 나를 너무 놀라게 했다. 그런데 기억은 그것으로 그치지 않았다. 어린 시절의 몇몇 장면들이 떠오르더니 이제는 태어난 지 몇 시간이 채 안 된 갓난아기의 모습을 보게 되었다.


　추운 겨울 저녁, 갓 태어난 아기가 강보에 싸여 방 한쪽에 뉘어 있다. 방 안에는 겨울의 싸늘한 공기가 느껴진다. 아기는 눈을 감고 강보에 싸인 채 움직이지 않고 있다. 그 아기를 아버지와 언니가 한참 쳐다보더니 아버지가 언니에게 말씀하신다.

　"저 아기… 우리 갖다 버릴까?"

여섯 살 위의 언니가 놀란 음성으로 아버지에게 매달
리며 아기를 갖다 버리면 안 된다고 호소하고 있다.

'우리 아버지, 너무 서운하셨구나!'

우리 집에는 딸만 여섯이 있다. 그중 내가 다섯째 딸이다.
딸만 넷을 낳고 나서 얼마나 아들을 기다리셨을까? 바로 위
의 넷째 언니와 여섯 살 터울인 내가 태어날 즈음 아버지의
마음은 얼마나 조마조마하셨을까? 부디 아들이었으면….
그런데 이번에도 또 딸이 태어났다. 실망했을 아버지의 마
음이 충분히 이해되었다. 뭐 대단히 잘난 아들을 기다린 것
도 아니고, 그저 아들이기만을 마음 졸이며 고대했을 텐데,
어찌된 일인지 다섯 번째도 딸이 태어난 것이다. 강보에 싸
인 다섯째 딸을 바라보는 아버지의 마음이 어땠을까? 나는
그런 아버지가 한편으로는 너무 측은하게 느껴졌다.

그런데 강보에 싸인 아기의 마음은 그 장면을 바라보는
마흔 살의 내가 느끼는 감정과 달랐다. 아기는 눈을 감고 자
는 듯했으나, 아버지와 언니가 주고받는 말을 모두 듣고 있
었다. 강보에 싸여 눈을 감고 있는 아기가 두려움에 떨며 울
고 있었다.

'무섭다. 앞으로 내가 살아갈 이 세상은 정말 무서운 곳이구나.'

'이 세상에서 내가 믿을 사람이 없어. 나를 낳은 아버지조차도 나를 보호해 주지 않아.'

한참을 그렇게 두려움에 떨며 울더니 아기는 한 가지 중대한 결정을 한다.

'나는 이 세상에서 최고가 될 거야. 그래서 어느 누구도 나의 가치에 대해 감히 뭐라 말하지 못하게 할 거야.'

그러고는 앞으로 살게 될 사회가 중요하게 여기는 것 중의 하나인 학업에서 최고가 되고야 말겠다는 결심을 한다. 나는 이제야 조금 이해되기 시작했다. 내가 왜 그토록 공부에 몰두했는지를.

### 40년을 되돌려 주시다

내가 아버지에게 그렇게 큰 영향을 받고 있었다니! 아무리 생각해도 믿기지가 않는다. 지금 내 눈앞에 펼쳐진 지난 40년의 삶을 사실이라고 받아들일 수가 없다. 정말 저 모습이 나란 말인가!

아버지는 내게 공부를 열심히 해서 성공해야 한다고 말한 적이, 정말 단 한 번도 없었다. 내가 매번 학교에서 우수한 성적으로 상장을 받아 와도, 한번 흘깃 볼 뿐 별 관심이 없으셨다. 그 정도 잘하면 다른 집에서는 칭찬과 선물을 기대함 직하지만, 우리 집은 그렇지 않았다. '딸이 공부를 잘하든 말든 아버지는 별 관심이 없으신가 보다'고 짐작할 뿐이었다.

하지만 나는 아버지의 그런 반응과 상관없이 어렸을 때부터 열심히 공부했다. 누가 칭찬을 하든 그렇지 않든 별로 중요하지 않았다. 그리고 공부하는 것이 즐거웠다. 대부분의 가정에서 흔히 들을 수 있는 "공부해라~"는 잔소리가 우리 집에서는 들리지 않았다. 왜냐하면 부모님이 말씀하시기 전에 나는 이미 열심히 공부하고 있었기 때문이다.

행여 어머니가 공부에 관해 이야기를 꺼낼라치면 "엄마, 제발 신경 쓰지 마. 내 공부는 내가 알아서 할 거라구. 엄마는 걱정하지 않아도 돼!" 하며 어린 딸이 오히려 맹랑하게 엄마를 훈계하곤 했다.

나는 누가 시켜서도 아니고 누구를 기쁘게 하기 위해서도 아니고 단지 나 자신의 의지로 계획을 세우고 열심히 공부했다고 믿었다. 그런데, 그런 나의 모습이 아버지의 영향이었다니! 나는 아버지의 인정을 받기 위해 열심히 산 것이 아니었는데…. 나는 아버지의 사랑이나 관심이 없어도 잘 살던 아이였는데….

"나는 아버지의 사랑 따윈 기대하지도, 필요하지도 않았단 말이에요…."

나 혼자 감당하기 힘들어하자, 내가 속한 스쿨리더는 함께 눈물을 흘리며 나를 위로해 주었다.

"아버지의 사랑이 필요하지 않은 아이가 이 세상에 어디 있겠어?"

그리고 그녀는 나와 아버지의 관계가 회복되기를 위해 기도해 주었다.

'이제 와서 아버지와 관계가 회복되든 말든 그게 뭐 그리 중요하다고….'

나는 매우 혼란스러웠다. 며칠 조용히 묵상하며 기도하고 싶다고 남편에게 말하고 하나님 앞으로 나아갔다. 며칠 전 강의 시간에 나눠 준 아버지의 사랑의 편지를 꺼내 들었다.

# 아버지의 사랑의 편지

이제 당신이 읽을 말들은 진리의 말들입니다. 이 말들은 하나님의 마음속에서 우러나온 말이므로, 이 말들을 당신이 진정으로 수용한다면, 당신의 삶에 좋은 일이 반드시 일어날 것입니다. 하나님은 당신을 사랑하십니다. 당신이 이제껏 찾아왔던 하나님은 바로 당신의 아버지이십니다. 여기에 당신을 향한 그분의 사랑 편지 하나를 소개합니다.

나의 딸, 나의 아들아, 너는 나를 잘 모르지만 나는 너에 대해 너무나도 잘 알고 있단다(시 139:1). 그렇기에 나는 심지어 너의 머리칼 숫자까지도 다 세고 있어(마 10:29-31). 나는 너를 나의 모습 그대로 만들었지(창 1:27).

나는 네가 엄마의 태에서 잉태되기도 전에 너를 잘 알고 있었단다(렘 1:4-5). 내가 이 세상을 창조했을 때 난 이미 너를 택하기로 결정했어(엡 1:11-12). 그 후 나는 네 어머니의 모태에서 너를 만들었지(시 139:13). 그러므로 너는 어쩌다가 실수로 태어난 존재가 아니야. 나는 네가 태어나기도 전에 네가 살아야 할 모든 날들을 나의 책에 다 기록해 놓았지(시 139:15-16). 나는 네가 언제 태어나서 어디서 살게 될는지도 미리 다 결정해 놓았어(행 17:26). 내가 그렇게 한 것은 내가 너를 영원한 사랑으로 사랑하였기 때문이란다(렘 31:3). 그러나 나를 잘 모르는 사람들이 나에 대해서 잘못되게 사람들에게 소개해 온 것이 문제란다(요 8:41-44).

나는 너에게서 멀리 떨어져서 너에게 화만 내려고 벼르고 있는 하나님이 아니라, 너만을 사랑하기 위해 존재하는 아버지란다(요일 4:16). 그리고 그 사랑을 너에게 부어 주는 것이 나의 가장 큰 소원이지(요일 3:1). 그리고 지금 나의 손에는 내가 너에게 주고자 하는 좋은 선물들이 들려 있어(약 1:17). 나는 물론 너의 육신의 아버지가 너에게 줄 수 있는 것보다 더 좋은 것을 너에게 더 많이 줄 수 있어(마 7:11). 내가 너에게 그렇게 할 수 있는 이유는 나는 너의 온전한 아버지이기 때문이란다(마 5:48).

그리고 나는 너의 모든 필요를 채워 줄 수 있는 공급

자이기도 해(마 6:31-33). 또한 너의 미래에 대한 나의 계획에는 희망밖에 없지(렘 29:11). 나는 너만을 생각하고 있어. 그래서 너에 대한 나의 생각들은 해변가의 모래알 숫자보다 더 많아(시 139:17-18). 그리고 난 너를 쳐다보고 있노라면 기쁨의 노래가 내 속에서 저절로 나오지(습 3:17). 난 또한 너를 위해 선한 일을 도모하기를 항상 그치지 않아(렘 32:40). 그 이유는 네가 나의 보배이기 때문이란다(출 19:5).

네가 나를 기뻐하면 난 너의 마음속에 소원을 불러일으켜 준단다(시 37:4). 왜냐하면 난 너에게 마음의 소원을 주는 자이기 때문이야(빌 2:13). 난 네가 나에 대해 상상하는 것보다 훨씬 더 큰일을 너에게 행할 수 있는데(엡 3:20), 그 이유는 내가 너에게 크나큰 용기를 주기 때문이란다(살후 2:16-17). 그리고 네가 그 어떤 곤란에 처해 있더라도 난 너를 위로해 줄 수 있는 위로의 아버지란다(고후 1:3-4). 그러므로 네가 비록 비탄에 잠겨있을 때에도 너의 곁에는 바로 내가 있음을 잊지 마(시 34:18).

목자가 양의 곁을 떠나지 않듯이, 나도 항상 너를 내

가슴에 품고 있어(사 40:11). 나는 어느날 너의 눈에서 그동안 네가 흘렸던 모든 눈물을 다 닦아 줄 거야(계 21:3-4). 그 이유는 내가 나의 아들 예수를 사랑하는 것만큼 너를 사랑하기 때문이지(요 17:23).

네가 예수를 보면 내가 너를 얼마나 사랑하는지를 알 수 있단다(요 17:26). 예수는 내가 어떠한 존재인지를 너무도 잘 표현해 주지(히 1:3). 그러므로 예수는 내가 너를 대적하기 위해서가 아니라 내가 너의 편이라는 사실을 가르쳐 주려고 이 세상에 온 거야(롬 8:31). 그러므로 바로 그 예수로 인해 내가 너의 모든 죄를 기억하지도 않고 있다는 사실을 너는 잘 알고 있어야 해(고후 5:18-19). 왜냐하면 예수의 죽음으로 인해 너와 내가 서로 화해했기 때문이지(고후 5:18-19).

예수의 죽음은 너에 대한 나의 사랑 표현의 최고봉이란다(요일 4:10). 나는 너의 사랑을 독차지하기 위해 내가 사랑했던 그 모든 것을 다 포기했지(롬 8:31-32). 만일 네가 내 아들 예수를 받아들인다면 그것은 나를 받아들이는 것이란다(요일 2:23). 그렇게 되면 이 세상 어느 것도 너와 나 사이를 갈라놓을 순 없지(롬 8:38-39).

나의 딸아, 나의 아들아, 너를 하염없이 기다리고 있는 이 아버지의 집으로 돌아오너라. 네가 돌아오면 난 너를 위해 큰 잔치를 베풀어 줄 거야(눅 15:7). 나는 이제껏 너를 사랑하는 아버지였고 앞으로도 계속 너의 좋은 아버지가 될 거란다(렘 3:14-15).

너만을 기다리고 있는, 하나님인 너의 아빠가….

"하나님, 어느 것이 진실이에요? 저의 가치를 증명하기 위한 한 가지 목표를 위해 공부에 온 인생을 건 그 삶이 진실이에요, 아니면 하나님 아버지 당신의 말씀, 이 편지가 진실이에요?"

하루 그리고 이틀, 하나님께 기도하고 대답을 기다리는데 하나님은 아무런 말씀도 없이 침묵하실 뿐이었다. 셋째 날 새벽에 일찍 잠을 깼다. 답답한 마음으로 열방대학의 캠퍼스를 걷기 시작했다. 이른 새벽이라 인적이 없는 캠퍼스는 조용했다. 캠퍼스를 한 바퀴 걷는 내내 나는 하나님께 물었다.

"무엇이 진실인가요?"

그렇게 한참을 걷다가 야자나무 아래 앉았다. 손에 들고
온 성경을 폈다. 성경책 속에 꽂혀 있는 '아버지의 사랑의
편지'를 읽고 또 읽었다.

너무나 아름다운 아버지의 사랑…. 내 눈에서는 어느덧
눈물이 흘러내렸다. 지난 며칠 동안 하나님 아버지의 대답
을 기다리고 기다렸지만, 이제 더 기다릴 게 아니라 내가 선
택해야 할 때라는 생각이 든다.

앞으로 나는 무엇을 붙들고 살 것인가? 내가 경험하고 느
끼고 본 것들을 붙들고 살 것인가, 아니면 하나님의 말씀을
붙들고 살 것인가? 나의 경험과 감정을 의지할 것인가, 아
니면 다른 어떤 것을 의지할 것인가?

"하나님, 저는… 당신의 말씀이 진리라는 것을 믿겠습니
다."

뜨거운 눈물이 볼을 타고 흘러내렸다. 나는 앞으로 얼마
나 더 살지 모르지만 이제 앞으로는 나의 경험보다, 내가 느
낀 것보다 하나님의 말씀을 붙들며 살기로 선택했다.

방으로 돌아가 아직 곤한 잠을 자고 있는 남편과 아이들
곁에 가만히 앉았다. 한참을 앉아 있는데 이제는 고요해진

나의 마음속에서 하나의 질문이 살포시 떠올랐다.

"하나님, 아셨어요? 혹시… 그 자리에 계셨나요? 그때 제게, 그 갓난아기에게 어떤 일이 일어나고 있었는지 알고 계셨어요?"

하나님께 따지고 반항하는 질문이 아니었다. 서러움에 내뱉는 질문도 아니었다. 그저 궁금했다. 나의 모든 것을 아신다고 성경에 기록해 놓으신 하나님, 나도 모르는 내 머리털 숫자까지 알고 계신 하나님은 그때 내게 일어난 일을 아셨을까? 지난 3일 동안 침묵하시던 하나님이 드디어 말씀하시기 시작했다.

"물론 알고 있었지. 나는 모든 것을 보고 알고 있었단다. 그런데 네가 알게 된 그 사실이 전부가 아니란다."

"……?"

"눈을 떠서 다시 보지 않겠니?"

나는 영의 눈을 열어 강보에 싸인 갓난아기가 누워 있는 싸늘한 겨울밤의 그 방 안을 다시 들여다보았다.

아! 그런데 그 방은 내가 며칠 전 보았던 그 방이 아니었다. 지금 보는 것은 너무도 따뜻하고 온화한 방이었다. 그리고 방 안에는 한 아기의 탄생을 축하하는 하늘의 천사들이 가득했다. 하나님께서 당신의 자녀를 이 세상에 보내실 때 혼자 보내지 않고, 앞으로 이 땅에서 살아갈 삶을 축하하고 기뻐하기 위해 천사들을 함께 보내신 것이다. 나는 어리둥절했다.

"네가 지금 보고 있는 모습이 진실이란다. 그런데 너는 그때 세상의 목소리에 귀 기울이느라 이것을 미처 보지 못했지. 다시 선택하렴. 누구의 음성을 듣고 살 것인지를. 그러면 내가 너의 지난 40년의 인생을 구속해 주겠다."

하나님은 내게 어린 아기가 되어 다시 선택하라고 말씀하셨다.

"하나님! 나는 이제 그 누구의 음성에도 귀 기울이지 않겠습니다. 오직 하나님 아버지 당신의 음성에만 내 귀를 열겠습니다."

나의 고백과 함께 지난 40년의 인생 가운데 변화가 일어나고 있음을 느낄 수 있었다. 지난 40년이 하나님의 손에 맡겨지자 아름다운 하나님의 이야기들로 수놓아지기 시작했다. 사탄은 나를 무너뜨리려 개입했지만, 하나님이 구속하기로 작정하시자 나도 모르게 얽매인 올무가 풀려 나가기 시작했다. 그러자 사탄의 거짓 올무에 얽매인 자들의 마음이 이해되기 시작했다. 이제 나의 지난 시간들이 아직도 올무에 매인 자들을 자유케 하는 데 사용될 것이라는 믿음이 생겼다.

내 인생의 하프타임이라고 여기며 하나님을 찾고 구했던 내게 하나님은 정말 내가 상상치도 못한 선물을 주셨다. 나의 지나간 40년의 시간을 보게 하셨고, 거짓과 분노와 증오로 어그러졌던 그 시간들을 다시 새롭게 해 주셨다. 하나님만이 주실 수 있는 놀라운 선물을 내 인생에 주셨다.

**04**

## 죽은 자가 누리는 완전한 자유

### 엘리야의 갈멜 산

완연한 봄 날씨를 만끽하며 미국을 떠났는데, 이스라엘의 봄은 어느새 여름 냄새를 풍기고 있었다. 2010년 5월 나는 하이파(Haifa)에서 열리는 한 컨퍼런스에 참석하기 위해 이스라엘을 방문했다.

텔아비브 공항의 검색대를 통과한 뒤 버스 정류소를 찾

아 공항 문 밖을 나서자, 이미 몇 시간 전에 도착해서 기다리고 있던 최 집사님이 환한 얼굴로 나를 반겨 주었다. 최 집사님은 이스라엘이 초행길인데도 나보다 먼저 도착해서 텔아비브에서 하이파로 가는 셔틀버스가 서는 정류장을 이미 다 알아 놓으셨다. 기다리고 있던 미니밴에 탄 사람들은 모두 컨퍼런스에 참석하기 위해 세계 각처에서 온 분들이었다. 북쪽 하이파를 향해 달리는 동안 우리가 가는 곳이 엘리야의 갈멜 산이 있는 곳이라는 사실이 기억났다.

남편이 여러 번 권유했음에도 불구하고 막상 집을 떠나 이번 컨퍼런스에 참석하는 것을 결정하기가 쉽지 않았다.

비용이 만만치 않을 텐데…. 세 아이는 어떡하고?

무려 2주나 집을 비워야 하는 가정주부의 마음은 이런저런 걱정으로 편치 않았다. 남편의 배려와 격려가 나의 결정에 큰 역할을 했다. 그리고 감사한 것은, 믿음의 선배로서 늘 주님을 뜨겁게 사랑하고 조용한 곳에서 성실하게 섬기는 최 집사님과 같이 가게 된 일이었다.

컨퍼런스는 120여 명이 모인 그리 크지 않은 규모였지만, 각 국에서 온 다양한 사람들이 참석했다. 그저 보기만 해도 은혜로운 모습이었다. 참석자들과 인사를 나누다가 한국인도 참석했다는 사실을 알았다. 2명의 아이들까지 모두 9명의 한국인이 이번 컨퍼런스에 참석했다. 다음 날부터 감격스러운 예배와 말씀으로 집회가 시작되었다.


### 한순간의 실수

컨퍼런스를 주관한 공동체의 리더이신 목사님은 한국인들이 집회에 참여한 것을 매우 기뻐하셨다. 첫날 집회 후 잠깐 시간을 내어 대화를 나누던 중 목사님이 한국 교회에 관심이 많을 뿐 아니라 기회되는 대로 한국을 방문해 한국 교회를 섬기고 있다는 사실을 알았다.

나는 이날 남편의 말을 따라 이 집회에 참여하길 정말 잘했다는 생각이 들었다. 그리고 하나님께서 이 집회를 통해 무언가 하실 일이 있겠다는 기대감에 가슴이 벅찼다.

둘째 날 아침, 오늘 저녁 다 같이 모여 찬양과 예배로 기도회를 갖는데, 특별히 이스라엘을 위한 기도를 하겠다는 광고를 했다. 나는 그 어느 시간보다 저녁에 있을 기도회가 기대되었다. 세계 여러 나라에서 온 하나님의 사람들이 한마음으로 드리는 기도라니, 나는 가슴이 두근거렸다. 저녁

식사 후 기도회를 위해 모였을 때, 나와 최 집사님은 맨 앞 줄에 서서 어눌하지만 히브리어 찬양을 따라 불렀다. 왠지 모를 기대감에 가슴이 설렜다.

찬양을 마친 뒤 기도회의 인도자가 나오더니 각 나라를 대표하여 기도 드릴 사람들을 단상 위로 불렀다. 유럽, 아프리카, 동남아시아, 미국 등에서 온 사람들을 호명하는데, 그중에 한국이 빠졌다. 컨퍼런스에는 한국인이 9명이나 참석하고 있었는데 왜 한국인은 부르지 않는 걸까? 의아하고 안타까운 마음이었으나 이내 그 이유를 알 수 있었다. 한국인 9명 모두가 한국이 모국이지만 지금은 다른 나라 국적을 가진 한인 디아스포라였던 것이다.

"하나님, 여기 한국 사람들도 있어요. 한국도 함께 기도할 수 있게 해 주세요."

나는 안타까운 마음으로 기도하기 시작했다. 얼마나 기도했을까? 아마 짧은 시간이었을 것이다. 살며시 눈을 뜨자 내 앞에 리더 목사님이 서 있었다.

"한국 사람이 한국말로 이스라엘을 위해 기도해 주었으면 좋겠습니다."

"그럼요. 하고말고요!"

이렇게도 빨리 기도에 응답해 주시는 하나님, 감사합니다. 당연히 한국 사람도 기도해야지. 이미 기도 중인 단상 위로 나는 뛰어 올라가려 했다. 그런데 그 순간, 지금 이곳에 나 외에도 한국인이 여덟 명이나 더 있다는 사실이 퍼뜩 생각났다. 급하다고 무작정 뛰어 올라가선 안 된다는 생각이 쏜살같이 머릿속을 스쳤다.

9명 중 2명은 아이들이니 7명의 어른들 중 누가 단상 위에 올라가 한국을 대표해서 기도하면 좋을까? 옆에 앉은 최집사님에게 눈길을 보냈으나, 집사님은 조용히 미소를 지으며 고개를 저었다. 홍콩에서 온 한국인 자매를 돌아보니 이미 기도에 열중해서 내 얘기는 신경도 안 쓰고 있었다.

'누가 한국을 대표해서 기도하면 좋을까?'

아하! 어른 7명 중에 남자분이 한 명 있다는 사실이 생각났다. 누군가 한 사람이 대표(?)가 되어야 한다면 유일한 남자가 하면 좋을 거라는 생각이 들었다. 내 뒤에 서 있던 그에게 자초지종을 말하니까 서슴없이 단상 위로 올라갔다.

이미 각국에서 온 사람들로 비좁은 단상에 서서 그는 기도할 차례를 기다리고 있었다. 한 나라의 기도가 마치면 마이크는 또 다른 나라 대표의 손으로 옮겨지고 있었다. 이 사람의 손에서 저 사람의 손으로 옮겨 가던 마이크는 웬일인지 그 한국 남자분에게 좀처럼 다가가지 못했다. 시간은 흐르고 나는 초조해졌다.

'빨리 마이크를 잡아야 하는데… 저러다가 차례가 오지 않고 그냥 지나가면 어쩌지?'

하지만 나의 염려는 이내 현실이 되고 말았다. 뒤늦게 올라간 한국인을 보지 못했는지, 아니면 보았더라도 이미 기도를 마쳤다고 생각했는지 인도자는 마지막으로 마이크를 잡더니 기도회를 마무리했다. 그가 기도를 마치자 단 위에 있던 사람들이 하나 둘 내려오기 시작했다. 한국 남자분도 계단을 내려오고 있었다.

나는 정신이 아찔했다. 순간 저쪽 끝에 서 있던 리더 목사님을 쳐다봤고, 아주 짧은 순간이지만 그와 눈이 마주쳤다. 황급히 눈길을 돌리는데 그 순간 한 음성이 내 머리에 울렸다.

"똑똑히 보아라. 네가 지금 무엇을 했는지를!"

나는 선 채로 그 자리에 얼어붙어 버렸다. 찬양이 시작되었으나 내 귀에는 웅웅거리는 소리로밖에 들리지 않았다. 다만 좀 전의 그 목소리만 내 귓전에서 메아리치고 있었다.

이후 1시간이 넘도록 나는 어안이 벙벙한 채 얼어붙어 있었다. 모든 프로그램을 마치고 호텔로 돌아왔으나 여전히 그 음성이 내 귀에 메아리쳤다.

"주저하면 너는 열방을 축복할 수도 없고, 네 민족이 이스라엘을 축복하는 길을 막을 뿐이다."

나는 얼마나 어처구니없이 바보 같았단 말인가? 도대체 나는 그 순간 무엇을 생각했단 말인가? 겸손인가, 아니면 사람들의 눈을 의식한 것인가? 순식간에 벌어져 이제는 아무리 후회해도 엎질러진 물이 되어 버린 상황을 곱씹으며 한탄하고 또 한탄했다. 아무리 나 자신을 위로하고 변명해도 마음이 풀리지 않았다. 나는 속으로 수도 없이 되뇌었다.

"하나님, 잘못했어요! 용서해 주세요. 다시는 그런 바보 같은 짓 안 할게요."

하지만 하나님은 아무 말씀이 없으셨다. 나는 그저 철없는 아이처럼 최 집사님 앞에서 울음을 터뜨렸을 뿐이다.

다음날, 호텔에서 나와 기다리고 있던 버스를 타고 집회 장소로 가는 나의 마음은 전날과 아주 딴판이었다. 첫날의 감격은 온데간데없이 사라지고 바보같이 군 내가 너무 부끄러워 어딘가에 숨고만 싶었다. 집회에 참석해서도 리더 목사님을 쳐다보기가 너무 괴로웠다.

'그는 어제 내 안에서 일어난 생각들을 다 알고 있을지도 몰라.'

그렇게 생각하자 목사님을 바라보는 일이 고역이었다. 스스로에게 괜찮다고 거듭 위로하고 아무 일도 없었던 것처럼 열심히 집회에 참여하려 했지만 소용없었다. 각국에서 온 사람들과 교제하고, 열심히 메시지를 듣고, 함께 기도해도 헛수고였다. 갈릴리 바닷가를 가도, 엘리야의 갈멜 산에 가도, 그렇게 가 보고 싶던 무깃도를 가도 나의 기분은 전혀 달라지지 않았다. 감람 산에 올라가서 예루살렘을 바라보며 기도하는 시간에 나는 나 자신의 모습을 바라보며 통곡하지 않을 수 없었다.

'내가 어쩌다가 그런 실수를 했을까? 얼마나 힘들게 이스라엘에 왔는데… 내가 얼마나 바보 같은 사람인지 증명하러 온 꼴이 되었잖아.'

시간을 되돌리고 싶었다. 다시 시간이 주어진다면 이번엔 절대 그런 실수를 안 하리라! 안타까움에 어쩔 줄 몰라 하는데 또 가슴을 울리는 소리가 들렸다.

"네가 실수한 것이 아니다! 너의 원래 모습이 그 순간에 드러났을 뿐이다."

한순간의 실수가 아니었다?

사람들의 눈치를 살피고, 사람들의 동의를 구하고 싶어 하는 나의 원래 모습이었다?

사람들의 마음을 배려하는 지혜로운 모습을 가장한 나의 비겁함이었구나. 보이지 않는 하나님의 음성보다 보이는 사람들의 반응에 더 민감했구나.

나는 여자로 살면서 늘 당당했다고 자부했다. 그런데 사실은 다른 사람이 아닌 나 스스로 만들어 놓은 올무가 나를 묶고 있었다. 나는 그제야 내면 깊숙이 숨어 있던 나의 마음을 꺼내어 보게 되었다.

나는 내가 여자라는 사실에 당당하지 못했음을 이제 인정하지 않을 수가 없다. 화장을 짙게 하고 치마를 입고 하이힐을 신었으나, 나는 내가 여자라는 사실을 기뻐하지 않았다.

"너는 참 여자다워!"

나를 칭찬하는 말일 텐데도 나는 이 칭찬이 모욕으로 들렸다. 나한테 '여자답다'는 온갖 열등하고 부정적인 의미들의 총집합이었던 것이다.

자기 감정 하나 다스리지 못하는군! 논리도 없이 횡설수설 수다만 떨잖아! 일도 제대로 못하고 무능력해! 집에서 밥하고 애 보는 것 말고는 어디 변변히 쓸 데가 있겠어?

나는 내가 여자답지 않다는 것을 증명해 보이려고 애썼던 모양이다. 그래서 남자보다 더 능력 있다는 것을 과시하려고 공과대학을 간 모양이다. 감정에 치우치지 않는다는 것을 보여 주기 위해 마음 놓고 기뻐하거나 슬퍼하지도 못한 모양이다. 집 안에만 파묻혀 사는 가정주부가 되지 않으려고 그렇게도 애를 썼나 보다.

나는 여자가 열등하다고 생각하지 않았다. 여자가 더 능력 있다는 걸 보여 주겠다고 별렀다. 그런데 능력 있고 없고의 판단은 항상 '남자다움'이 기준이었다. 내가 여자라는 사실을 인식하는 순간 나는 머뭇거리고 주저했다. 사람들의 눈치를 살피고 그들의 동의를 구하고 싶어 했다. 나의 이런 비겁함은 때론 배려로, 때론 겸손으로 가장되었다. 변명할 수 없이 드러나 버린 나의 진짜 모습에 마음이 무너져 내리는 것 같았다.

"하나님, 잠깐 실수한 것이 아니라 나의 원래 모습을 드러내신 거라면, 드러내신 이유가 있죠? 고쳐 주시려고 그러신 거 맞죠? 제발 좀 어떻게 해 주세요!"

그러면서 하루 이틀 시간이 지나가고 있었다. 처음 들어가 보는 사해의 짠물에 나의 몸이 붕붕 뜨는 것도 내게는 별 흥미가 없었다. 예수님이 십자가에 달리시기 전 마지막 밤을 지낸 겟세마네 동산에 가서도 나는 멍하니 있었다.


**나사로야 나오라!**

드디어 마지막 날이 되었다. 아침에 눈을 떴을 때 기분이 참담했다. 나는 그냥 이 모습 이대로 집으로 돌아가고 싶지 않았다.

오늘의 마지막 일정은 예수님이 묻히신 동산 무덤에 들르는 것이었다. 2천 년 전에 예수님이 세마포에 싸여 누워 계셨을 그 자리에 머리를 숙여 들어갔다. 아! 예수님께 어찌나 죄송하던지! 내가 너무 부끄러웠다.

우리는 무덤을 나와 한쪽 벤치에 모여 앉았다. 이제 마지막 강의를 듣고 나면 성만찬을 한 뒤 열흘간의 일정이 끝나게 된다. 이것이 마지막이라고 생각하니 내 머릿속은 째깍째깍 시곗바늘이 쉼 없이 움직이는 소리로 가득했다.

'주님, 제발…!'

"이에 예수께서 밝히 이르시되 나사로가 죽었느니라
내가 거기 있지 아니한 것을 너희를 위하여 기뻐하노
니 이는 너희로 믿게 하려 함이라 그러나 그에게로 가
자 하시니"(요 11:14-15).

예수님의 무덤에 앉아서 우리는 그의 친구 나사로의 죽
음을 묵상했다. 나사로가 병들었다는 소식을 들었으나 당
장 가서 고쳐 주는 대신 이틀을 더 유하셨다. 나사로의 집에
도착했을 때는 이미 그가 무덤에 있은 지 나흘이나 지난 뒤
였다(요 11:17). 더 일찍 오셨더라면… 아직 살아 있을 때 오
셨더라면… 사람들은 안타까워했지만 시간을 정하신 분은
주님이셨다. 너무 일찍도, 그리고 너무 늦지도 않은 정확한
시간에 주님이 나사로를 찾아오셨다.

그날 저녁 기도회 이후 오늘 이 시간이 되기까지 얼마나
마음을 졸이며 기다리고 기다렸던가. 그 모든 시간들이 하
나님의 주권 안에 있었음을 비로소 깨달았다.

주님이 오시지 않는 동안 나사로가 무덤에서 썩어 간 것

처럼, 나 또한 썩어 가고 있었다. 나의 소망이 썩어 가고 있었다. 나의 능력으로 주님을 잘 섬길 수 있다는 자신감이 썩어 가고 있었다. 그리고 나를 묶고 있는 세상의 관습이 썩어 가고 있었다. 세상이 가르쳐 준 지혜가 썩어 가고 있었다.

지금 이 순간 내가 할 수 있는 것이라곤 아무것도 없었다. 주님께 속하지 않은 것들이 죽는 데 많은 시간이 필요했던 모양이다. 주님의 은혜가 없으면 아무런 소망이 없다고 부르짖는 지금 이 순간, 나는 죽어 썩은 냄새가 풍기는 나사로의 무덤 앞에 서신 주님을 바라보고 있다.

"나사로야 나오라"(요 11:43).

그 순간 그 목소리는 나를 향해 외치시는 주님의 음성이었다.

"이제 무덤에서 나오라!"

아, 얼마나 기다리던 주님의 음성이던가! 이제 다 끝났다고 절망하는 내게 비로소 주님은 굳게 다무신 입을 열어 큰 소리로 외치신다. 주님이 명령한 이 한마디로 모든 상황이 변했다. 가족과 동네 사람들이 감격의 함성을 지르고 집 안의 공기는 죽음의 냄새가 아닌 생명의 향기로 가득하며 슬픔의 눈물은 어느새 기쁨과 감사의 눈물로 변했다. 주님의 이 한마디 명령으로 모든 것이 달라졌다.

아, 이 자유함! 나는 예수님이 묻히신 동산무덤에서 죽은 나사로를 생각하며 비로소 자유함의 향기가 무엇인지 맛보고 있었다. 그동안 내가 가지고 있던 여자에 대한 편견이 무덤에서 죽어 갔다. '여자답다'라는 말에 내가 붙여 놓은 온갖 열등한 해석들을 무덤에 남겨 놓고 나왔다. 이렇게 편견들이 죽자 내가 여자로 창조되었다는 사실에 자유함이 찾아오기 시작했다. 그것은 죽은 자가 누리는 자유함이었다.

"형제들아 내가 그리스도 예수 우리 주 안에서 가진 바 너희에 대한 나의 자랑을 두고 단언하노니 나는 날마다 죽노라"(고전 15:31).

사도 바울이 이방인의 사도로 담대하게 복음을 전하다가 인생을 마감할 수 있었던 힘은 무엇일까? 그는 주님을 만난 후 날마다 죽는 자였기에 죽은 자만이 소유할 수 있는 자유함으로 일생을 살았다. 그의 자유함은 그를 세상의 어느 것에도 매이지 않게 했고 세상의 그 어떤 것도 두려워하지 않게 했다.

마지막 만찬 자리에서 우리는 각자 그동안 느낀 것들을 나누었다. 중간쯤 앉아 있던 나는 벌떡 일어나서 앞으로 나갔다.

"저는 지금 코리안 디아스포라를 대신하여 이야기하고 싶습니다. 이곳에 9명의 코리안 디아스포라들이 참여했습니다. 그런데 그들 중 어느 누구도 한국의 이름표를 달고 있지 않아요. 그것이 우리의 모습입니다. 코리안 디아스포라들은 그런 모습으로 열방을 섬길 것입니다. 우리를 부르신 어느 곳에서든지 우리의 이름표를 기꺼이 내려놓고 겸손하게 열방을 섬길 것이고 이스라엘의 회복을 위해 기도할 것입니다…."

제자리로 돌아가려는 나를 목사님이 불러 세운다. 그러고는 참석자들에게 이 시대 한국 교회의 중요성과 특별한 부르심에 대해 설명하기 시작한다. 모든 사람들이 조용히 그의 이야기를 듣고 있다.

"우리는 한국 교회를 위해 기도할 것입니다!"

자리로 돌아가는 내 귀로 목사님의 목소리가 맴돌았다.

그날 저녁 마지막 순서까지 다 마치고 서로 인사를 나누며 작별의 포옹을 하는데 수많은 사람들이 내게 다가와 목사님이 한 것과 동일한 고백을 들려주었다.

"우리도 한국 교회를 위해 기도할 게요⋯."

예루살렘에서 마지막 밤을 지내며 나는 거듭거듭 되뇌었다. 나는 이제부터 무덤에서 나온 나사로가 되어 살겠노라고⋯.

나는 이미 새로워졌다고 믿었는데, 나는 이미 자유롭다고 생각했는데 아직도 나를 붙잡고 있던 것이 많았나 보다. 주님이 부르실 때 그분께 나아가지 못하도록 나를 붙잡고 있던 것들이 이제는 나사로가 누워 있던 무덤 속에서 죽어야 하리라. 마침내 누리게 될 완전한 자유, 이제는 그 어떤 이름으로도 불리지 않고 오직 왕이신 주님의 신부라는 이름 하나로 만족하는 자유를 누리리라.

"딸이여 듣고 보고 귀를 기울일지어다 네 백성과 네 아버지의 집을 잊어버릴지어다 그리하면 왕이 네 아름다움을 사모하실지라 그는 네 주인이시니 너는 그를 경배할지어다"(시 45:10-11).

주님은 내가 '신부'가 되기 이전에 '여자'라는 사실을 100 퍼센트 기쁨으로 받아들이길 원하셨다. 내가 여자라는 사실을 기뻐하길 원하셨다. 수많은 것들로 치장하지 않아도 존귀한 사람이라는 것을 인정하길 원하셨다. 여자라는 존재로는 충분하지 않으니 더 좋은 것들로 치장해야 온전해진다는 거짓말로부터 자유해지길 원하셨다.

그러면 또 다른 완전한 자유가 기다리고 있다고 하셨다. 그 어떤 이름이 아니라 왕이신 주님의 신부라는 이름 하나로 만족하는 자유다.

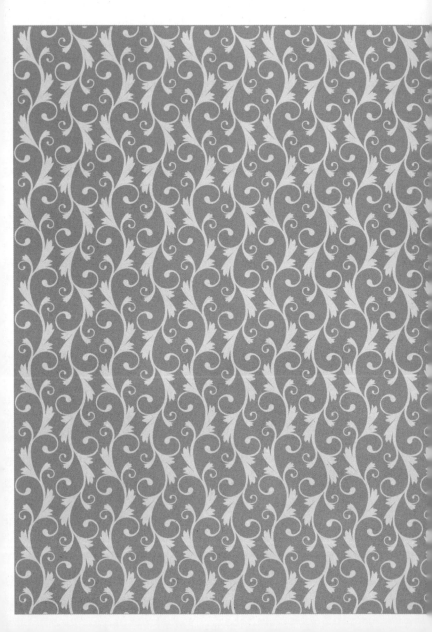

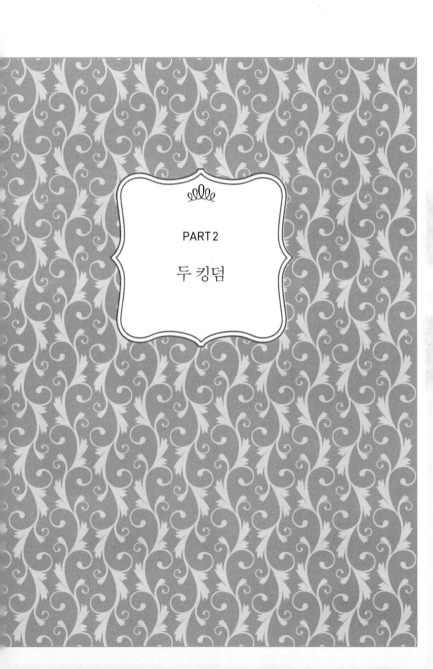

PART 2

두 킹덤

## 01

# 아버지의 이름이 회복될 때

**하늘에 계신 나의 아버지**

1992년 8월 김포공항에서 아버지와 작별한 후, 1년이 지나 여름 방학을 맞아 집에 왔다. 공항에서 미국으로 떠나는 딸의 뒷모습을 보며 눈시울을 적셨다는 아버지는 1년 새 건강이 많이 안 좋아지신 모양이었다. 젊은 시절 술 담배를 워낙 많이 하셨기 때문인지, 이제는 술 담배를 완전히 끊었는데도 기침이 잦았고 많이 야위었다. 병원에 입원도 하셨다고 동생이 귀띔해 주었다. 한 달가량 가족과 함께 보낸 뒤 가을 학기를 위해 다시 미국으로 돌아왔지만 나의 마음은 아버지 걱정으로 착잡했다.

1988년 예수님을 영접한 후 나는 아직 예수님을 모르는 가족에 대한 영적 부담감이 생겼다. 우리 가족 중 구원의 첫 열매인 나는 나머지 가족의 영혼을 생각하며 그들의 구원을 위해 기도하지 않을 수 없었다. 그중 특히 아버지를 생각하면 마음이 답답해졌다.

아버지는 스스로 정직한 삶을 살기 위해 무진 애를 쓰며 사셨는데, 그렇게 노력한 만큼 세상을 향한 한탄과 분노도 많으셨다. 그런 아버지의 모습은 연세가 들수록 더 심해지는 것 같았다. 그런 아버지가 자신이 죄인임을 인정하고 예수님을 구주로 영접할 수 있을까? 나는 아버지의 영혼 구원을 생각하면 마음이 무거워졌다. 걱정과 염려로 가득한 나를 성경 말씀이 위로해 주었다. 그 뒤 하나님의 약속을 붙들고 기도하기 시작했다.


"이르되 주 예수를 믿으라 그리하면 너와 네 집이 구

원을 받으리라 하고"(행 16:31).

그런데 얼굴에 병색이 완연한 아버지를 보고 나니 미국으로 돌아오는 나의 마음이 조급해지기 시작했다. 1993년 가을 학기를 위해 앤아버에 돌아온 뒤 아버지를 위해 집중적으로 기도하기 시작했다. 혼자 기도하는 시간에도, 교회에서 기도 제목을 놓고 함께 기도하는 시간에도 아버지의 건강과 영혼의 구원을 위해 빼놓지 않고 기도했다.

수요일 저녁에는 10명 안팎의 학생들이 모여 성경공부를 했는데, 서로의 기도 제목을 놓고 기도하는 시간도 있었다. 이때도 나는 아버지의 건강과 영혼 구원을 기도 제목으로 내놓았고, 목사님도 특별히 힘써 기도해 주셨다. 매주 반복되는 기도 제목이라 어느 주는 내가 잠잠히 있어도 목사님이 빠뜨리지 않고 기도해 주셨다. 그러던 중에 아버지가 다시 입원하셨다는 소식을 듣게 되었다. 하지만 나는 소망을 잃지 않았다.

그해 12월에 나는 남편을 만났다. 남편은 1년간 드린 기도의 응답이라는 확신을 가지고 나에게 결혼 신청을 했고, 나도 남편만큼이나 그가 하나님이 맺어 주신 배우자라는 확신을 가지고 그의 결혼 신청에 승낙했다. 이후 남편은 나와 함께 아버지를 위해 간절한 마음으로 기도해 주었다.

1994년 새해가 되었을 때, 그와 나는 아버지의 구원을 기도 제목의 가장 우선순위에 놓기로 했다. 아버지가 예수님을 영접하여 한 믿음 안에서 결혼식을 올리기를 원했던 것이다. 병원에 입원하셨던 아버지가 상태가 좋아져서 퇴원하셨다는 소식을 듣고 우리는 소망으로 부풀었다.

그러나 새해가 시작된 지 두 주도 채 지나지 않아 아버지의 부음 소식을 들어야 했다.

'작정기도를 시작한 지 2주도 안 되었는데… 하나님은 우리가 기도하기 시작한 것을 알기나 하셨을까? 왜 이렇게 빨리 아버지를 데려가셨을까? 도대체 아버지의 영혼은 어떻게 된 것일까?'

내 마음에는 이런 질문들로 가득 찼다.

김포공항에 내리자마자 나는 집으로 향하는 대신 모교회의 목사님께 전화를 드렸다. 목사님은 결혼을 약속한 형제와 함께 인사드리러 온 것이냐며 반가워하셨다. 두 분의 기대와는 달리 아버지의 부음을 전하자 목사님은 집에 가기 전에 먼저 사택에 들르라고 하셨다.

사택에 도착하자 사모님이 따뜻한 식사를 준비해 놓으셨다. 두 분께 지난 몇 달간 있었던 일들을 설명했다. 아버지가 편찮으셨던 것, 교회가 함께 기도했던 것, 결혼하기 전에 아버지가 주님을 영접할 수 있게 해달라고 작정기도하기 시작한 것, 그런 중에 아버지가 갑자기 돌아가신 것…. 내 얘기를 다 듣고 나서 목사님이 말씀하셨다.

"공동체가 아버지를 위해 함께 기도하도록 하신 데는 분명 하나님의 뜻이 있을 겁니다. 집에 돌아가서 그 뜻이 무엇이었는지 확인할 수 있으면 감사하지만 혹여 그렇지 못하더라도 선하신 하나님을 신뢰합시다!"

집에 도착하니 온 가족이 아버지를 산에 묻고 돌아온 뒤였다. 아버지는 내가 공부하러 미국에 간다고 했을 때 "네가 공부 마치고 돌아올 때까지 내가 살아 있으리라는 보장이 어딨냐?"며 나의 유학을 말리셨다. 아버지의 말을 이해하지 못한 것은 아니지만 그래도 내 갈 길을 멈출 수는 없었다. 그런데 불과 1년 반 만에 아버지는 이미 이 세상 사람이 아니었다. '아버지의 영혼은 어디에 있는 것일까?' 며칠 집에 머무는 동안 내 머릿속에서 이 질문이 떠나지 않았다.

미국으로 돌아가야 할 날이 다가오고 있었다. 이제 집에 엄마와 동생만 남게 된다고 생각하니 눈시울이 뜨거워졌다. 마지막 날 밤은 엄마와 나란히 누워 아버지의 마지막 시간들에 대해 물어보았다. 돌아가시는 날 저녁 무렵부터 기침이 심해지셨다는 것, 힘없이 엄마의 품에 기대어 가쁜 숨을 몰아쉬는 아버지를 부둥켜안고 구급차를 기다렸다는 것, 도착한 구급차를 타고 병원에 도착했지만 이미 아버지는 숨을 거두신 후라는 것…. 추운 밤에 두 노인이 치러 냈을 장면들이 그려졌다.

"퇴원하기 며칠 전, 네 아버지가 병원에서 세례를 받았다."

나는 흠칫 놀랐다. 아버지뿐만 아니라 어머니도 나란히 세례를 받으셨단다. 나의 귀를 의심하지 않을 수 없었다. 아버지가 세례를 받으셨다니! 순간 나의 마음은 감사함으로 가득 차올랐다.

아버지가 이 땅에서 살고 가신 72년의 세월, 그 인생 동안 평탄하지 못한 시간들이 많았을 것이다. 아무리 노력해도 그 시대가 안긴 삶의 무게 때문에 때로 좌절하고 때로 분노했을 것이다. 이제 고단한 인생을 벗고 하나님 아버지 곁에 있을 나의 아버지. 아버지는 어쩌면 이생을 마치고 하늘

아버지 품으로 가는 마지막 시간이 아주 평온했을지도 모른다. 실제로 우리 가족은 돌아가신 아버지의 모습이 너무나 평안해서 환자의 흔적을 찾아보기 힘들었다고 말했다.

미국으로 돌아와 목사님과 사모님을 찾아뵈었다. 목사님은 지난가을부터 한 주도 빼놓지 않고 정작 딸인 나보다 더 열심히 아버지를 위해 기도해 주셨다. 목사님은 내색하지 않으셨지만, 이미 아버지의 마지막을 짐작하신 모양이었다. 한 영혼을 위해 기도하는 것이 얼마나 감사한지!

"목사님, 감사합니다!"

이후 나는 아버지를 생각할 때면 하늘을 올려다본다. '아버지가 저곳에 계시지….' 하늘나라는 이제 내게 더 이상 멀고 생소한 곳이 아니다. 그곳은 내 아버지가 계신 곳이다.

나와 남편이 결혼을 약속한 후 채 한 달도 되기 전에 이 세상을 떠나신 아버지는 다섯째 딸의 결혼을 축복해 줄 수 없으셨고 사위의 얼굴도 보지 못하셨다. 그러나 다섯째 딸이 이루는 새로운 가정과 아버지의 존재는 너무도 중요한 관계를 가지고 있는 것 같다.

결혼을 약속한 우리 두 사람이 합심해서 드린 첫 기도가 아버지의 영혼 구원이었다. 하나님은 자신이 약속하신 말씀을 신실히 응답하셨다.

　"진실로 다시 너희에게 이르노니 너희 중의 두 사람이
　땅에서 합심하여 무엇이든지 구하면 하늘에 계신 내
　아버지께서 그들을 위하여 이루게 하시리라"(마 18:19).

　예수님을 영접하고 난 후 내 마음의 가장 큰 부담이었던
아버지의 영혼 구원을 남편과 함께 마음을 모아 기도하기
시작하자 하나님은 그 응답을 눈으로 보게 하셨다. 아버지
의 구원과 함께 우리의 결혼이 시작되고 있었고, 아버지가
살아오신 이 땅에서의 72년의 삶이 구속되고 있었다.

**미안하다, 딸아**

　"저 아기 갖다 버릴까?"라는 아버지의 말 한마디가 내 인
생에 엄청난 영향을 미쳤다는 사실을 알게 된 후 나는 마치
소용돌이와 같은 시간을 보냈다. 아직도 이해되지 않고 어
떻게 반응해야 할지 모르겠지만 그 모든 것이 내 인생의 한
부분임을 인정해야 하는 것이 내 몫으로 남겨졌다.

그동안 깊게 생각해 보지 못한 아버지의 인생에 대해 생각해 보았다. 그러자 아버지의 인생이 안쓰럽게 느껴지기 시작했다. 어느 누구를 탓할 수 없는 현실을 부둥켜안고 힘들게 살아야 했던 아버지의 삶이 참으로 아프게 느껴졌다. 그것도 부족해서 딸 여섯을 둔 아버지로 살아야 했으니, 그 심정이 어땠을까? 지금 아버지가 내 옆에 계시다면 따뜻하게 위로해 주고 싶다. 그리고 감사하다고 말해 주고 싶다. 아버지가 딸에게 뭐 그리 대단한 것을 해주지 않았을지라도 아버지의 존재 자체가 감사할 이유임을 알게 되었다. 힘든 삶을 끝까지 포기하지 않고 아버지의 자리를 지켜 주신 것이 감사했다.

"아버지, 살아가기가 많이 힘드셨죠? 감사해요."

하루는 아버지의 지난 인생을 생각하며 기도를 하고 있었다. 그런데 내 눈에 너무나 인자하고 부드러운 아버지의 얼굴이 보였다. 두 눈에서는 뜨거운 눈물이 흘러나와 온 얼굴을 덮고 있었다. 남자의 눈에서 저렇게 뜨거운 눈물이 나올 수 있다는 것이 믿어지지 않을 정도였다.

"미안하다, 딸아. 네가 나 때문에 잠 못 자며 밤새워 공부했구나."

나는 깜짝 놀랐다. 내가 밤잠을 설치며 공부한 것을 아버지가 어떻게 아셨을까? 그런데 왜 그것이 아버지 때문이라는 것이지? 무엇이 미안하다는 것이지?

자그마한 마루를 사이에 두고 부모님의 방과 딸들의 방이 있었다. 부모님 방의 불이 꺼지고 언니들도 잠든 훨씬 뒤에도 내 책상의 전등은 꺼지지 않았다. 늦도록 공부하는 것은 나의 일상이었다. 잠자던 언니들이 그만 불 끄고 자라고 잠결에 한마디하곤 했다. 우리 집에서 그 밤중에, 때로는 새벽까지 나 혼자 깨어 있었다고 생각했다. 그런데 내가 깨어서 공부하는 동안 또 한 사람, 아버지도 깨어 있었나 보다. 아버지는 나에게 밤새워 공부하라고도 하지 않으셨고, 이제 공부 그만하고 불 끄고 자라고도 하지 않으셨다. 늦게까지 불을 켜고 공부하는 딸을 의식하며 그 깜깜한 밤에 아버지는 무슨 생각을 하셨을까?

'저 딸이 혹 나의 한을 풀어 줄까?'

누가 시키지 않아도 악착같이 공부하는 다섯째 딸을 바라보며 아버지는 이전에 없던 한 가닥 소망을 품게 되지 않았을까? 살면서 못다 이룬 꿈, 그리고 '딸 부잣집 아버지'로 불릴 때면 아릿해지던 안타까움을 혹시 저 딸이 후련하게 풀어 줄지도 모르겠다고 생각하시지 않았을까?

수능시험을 보는 아침, 나보다 더 먼저 준비하고 나선 분이 아버지였다. 이미 현관문 앞에서 나를 기다리며 굳이 시험을 치르는 학교까지 같이 가시겠단다. 나는 "아버지가 따라오면 시험 안 보러 갈 거예요" 하고 협박 아닌 협박까지 하며 아버지를 뿌리치고 나왔다. 그러면서 한편으로 아버지의 행동이 낯설고 생소해서 고개를 갸우뚱했다. 그날 아침이 지난 몇 달 뒤에도 아버지는 낯선 행동을 하셨다.

대학교 합격자 발표가 있는 날이었다. 아버지는 아침 일찍부터 깔끔하게 정장을 차려입고 나를 기다리셨다. 버스와 지하철을 갈아타고 도착한 대학교, 대운동장에 붙은 합격자 명단을 찾아 아버지는 혼자서 성큼성큼 앞서 가셨다. 그리고 합격자 명단에서 내 이름을 찾아내시고는 그 추운 날씨에 이를 환하게 보이며 밝게 웃으셨다. 그 뒤로 아버지는 가끔 혼잣말처럼 말씀하시곤 했다.

"내 딸이 남의 집 열 아들보다 더 낫다."

아버지가 돌아가시기 몇 해 전이었던 것 같다. 집안의 족보를 다시 정리하는 일이 있었다. 그런데 자손들의 계보 중에 아버지의 이름 뒤에는 우리 여섯 딸 중 어느 누구의 이름도 들어 있지 않았다. 우리 모두 얼마나 분개했는지 모른다. 그런데 정작 속상해야 할 당사자인 아버지는 한마디 말씀도 없으셨다. '남의 집 아들 열이라도 난 부럽지 않아!' 아버지는 당신의 마음을 이렇게 스스로 위로하신 게 아닐까?

이제는 아픔도 슬픔도 고통도 없는 하늘에 계신 나의 아버지가 마흔 살을 넘어서는 딸에게 평생에 한 번도 하지 않던 말을 진심으로 고백하고 있었다.

"미안하다, 딸아."

이것이 아버지의 진짜 마음이었으리라. "괜찮아요. 정말 괜찮아요…." 몇 번을 되뇌는데 내 입에선 갑자기 엉뚱한 말이 흘러나왔다.

"한국아, 용서할게."

글쎄… 나와 한국 사이에 무슨 풀어야 할 것이 있는지 잘 모르겠다. 그런데도 나는 그날 고백하고 또 고백했다. 한국을 용서하겠다고.


**상처, 나의 선택이다**

아버지는 존재 그 자체로서 자녀들에게 깊은 영향을 주

는 사람인 것 같다. 나의 지나간 40년의 삶 동안 내게 끼친 아버지의 영향력에 놀라며 아버지의 중요성을 생각하고 있는데 계속해서 나의 눈길이 가는 성경 말씀이 있었다.

"네가 과연 듣지도 못하였고 알지도 못하였으며 네 귀
가 옛적부터 열리지 못하였나니 이는 네가 정녕 배신
하여 모태에서부터 네가 배역한 자라 불린 줄을 내가
알았음이라"(사 48:8).

우리 모두 죄인이다. 아담의 피를 가지고 있는 사람이 피할 수 없는 사실이다. 그런데 이 말씀은 무언가 그 이상을 내게 말해 주고자 하는 것 같았다. 내가 모태에 있던 때를 생각해 보았다. 엄마 뱃속에 있으면서 얼마나 조마조마 했을까? 나의 조바심은 사실 엄마의 조바심이었을 것이다. '이번에는 제발 아들이었으면….'

엄마의 조바심을 뱃속에서 느끼던 시간이 지나 드디어 세상에 태어났으나 처음 듣게 된 말이 "저 아기 갖다 버릴까?"였다.

그 아기가 이 세상에서 살아남기 위해 중요한 결정들을

하는 모습이 안쓰럽게 느껴졌다. '그래, 아기가 뭘 할 수 있었겠어?' 어느 누구의 도움도 바랄 수 없고, 어느 누구도 신뢰할 수 없는 상황에서 자신의 존재를 보호하기 위해 애쓰는 모습을 지켜보자니 마음이 아팠다. 그런데 하나님은 가엾은 아기를 향해 "모태에서부터 배역한 자"라고 단호하게 말씀하시고 있다. 죄의 본성을 가지고 태어난 데서 머물지 않고 그 본성으로 모태에서부터 적극적으로 배역한 행동을 했다는 것이다.

"그 갓난아기가 할 수 있는 선택이 오직 그 길 하나뿐이었느냐?"

물론… 아니었을 것이다. 하지만… 변명하려는 내게 거듭 질문하신다.

"오직 그 선택밖에 없었느냐?"

내가 선택한 것보다 더 많은 선택의 길이 있었음을 알게 되었다. 엄마의 조바심을 태에서부터 느꼈을지라도, 태어나자마자 나의 존재를 거절하는 아버지의 목소리를 들었을지라도, 나는 세상을 향한 분노와 억울한 마음 대신에 다른 마음을 가질 수도 있었을 것이다.

"상처, 너의 선택이었다!"

내 존재가 아버지와 세상으로부터 거절당한 것에 대해 아파하면서 앙갚음의 마음으로 살아간 모든 것이 나의 선택이었다고 말씀하시고 있다. 갓난아기가 분노할 수 있었다면 용서할 수도 있었을 것이다. 세상을 향한 증오를 품을 수 있었다면 사랑도 품을 수 있었을 것이다. 그러나 나는 그때 용서하고 긍휼히 여기고 사랑하겠다는 선택 대신에 다른 길을 선택한 것이다. 그 갓난아기가 자신의 의지를 가지고 중요한 결정을 한 것이다.

나는 그제야 갓난아기라도 아무것도 할 수 없는 것이 아니었음을 깨달았다. 도리어 갓난아기는 세상에 태어난 지 불과 몇 시간밖에 되지 않은 그 순간에도 자신의 의지를 가지고 앞으로 인생을 어떻게 살아야 할지를 결정하고 있었다.

나의 선택이었다! 변명할 것이 없었다. 어느 누구도 탓할 수 없었다. 나의 지나간 40년은 아버지 때문이 아니라 나의 선택으로 말미암은 결과였다. 상처받기로 선택한 죄악을 지닌 채 악하게 살아가던 내게, 하나님은 이제 은혜와 사랑과 용서의 길을 보여 주신다. 그 길은 주님이 동행하시는 길이라고 말씀하신다. 어느 길을 갈지는 결국 내가 선택해야 한다.

"하늘에 계신 우리 아버지여 이름이 거룩히 여김을 받으시오며 나라가 임하시오며 뜻이 하늘에서 이루어진 것같이 땅에서도 이루어지이다"(마 6:9-10).

내 안에 있던 아버지의 이름이 회복되었다. 그리고 내 삶 가운데 아버지의 이름이 거룩히 여김을 받음으로 말미암는 축복들이 임하고 있었다.

아버지들에게는 하나님께서 주신 놀라운 권세가 있다. 아버지의 이름으로 자녀를 축복할 때 자녀에게 축복이 임한다. 반대로 자녀를 저주하면 자녀에게 저주가 임한다. 아버지가 어떤 사람인가가 중요한 것이 아니라 그들이 아버지라는 이름을 가졌다는 사실이 중요하다. 노아가 세 아들에게 말한 대로 그들의 운명이 대대로 결정되었다. 야곱이 열두 명의 아들에게 축복한 대로 하나님이 그들의 삶에서 이루셨다. 놀라운 권세가 아버지들에게 위임된 것이다. 눈에 보이지 않는 하나님 아버지의 모습을 이 땅에서 드러내는 사명을 가진 아버지들을 통해 하나님의 축복이 자녀의 삶에 부어진다. 아버지의 이름이 자녀들의 마음에서 거룩하게 회복될 때 하나님 아버지의 축복도 자녀들에게 마음껏 임하게 될 것이다.


## 수치가 변하여 팔복이 되다

5천 년 남짓한 역사 동안 이 한반도의 땅에는 거의 천 번에 달하는 외침이 있었다는 기록이 있다. 대강 5년에 한 번꼴로 주위의 크고 힘센 나라들로부터 침입을 받은 셈이다. 이 작은 땅에 무슨 귀한 보물이라도 꽁꽁 숨겨져 있었나? 이 땅에서 살다 간 대부분의 사람들이 그들의 생애 가운데 적어도 한 번쯤은 전쟁과 피흘림을 목격했으리라.

칼과 창을 든 낯선 외적이 이 땅을 짓밟고 다니는 동안 땅은 황폐해졌고 사람들의 보금자리가 파괴되었으며 선량한 사람들의 무고한 피가 뿌려졌다. 때로는 가족 중 어린 자녀들이나 여자들이 노예처럼 낯선 땅으로 끌려가는 참혹한 일을 겪어야 했다. 자신을 보호해 줄 거라고 믿었던 아버지가 혹은 남편이 그들을 보호해 줄 수 없다는 사실을 알았을 때 그들은 얼마나 절망했을까?

그러나 어쩌면 그들보다 더 큰 절망에 사로잡힌 사람들은, 가족의 생명과 안전을 지켜 줄 수 없었던 이 땅의 남자들이 아니었을까 생각해 본다. 사랑하는 아내와 자식들이 죽어 가거나 외적의 손에 끌려가는 것을 그저 속수무책으로 바라볼 수밖에 없었던 이 땅의 남자들은 자신의 무력함에 얼마나 가슴을 치며 통곡했을까? 가족을 지키지 못한 가장으로서의 죄책감에 그들의 자존감은 한없이 무너져 내렸을 것이다.

그 역사의 끝자락에서 한때는 나라를 잃기도 했고 같은 민족끼리 서로 죽이는 전쟁을 치러야 하기도 했다. 전쟁으로 온 땅이 폐허가 된 잿더미에서 나라를 다시 세우고 처자식들을 먹여 살려야 하는 책임감으로 아버지들의 마음은 무거웠을 것이다.

그들 앞에 주어진 평탄하지 않은 인생을 술로 달래 보기도 하였을 것이다. 답답한 아버지의 심정은 때로 가족을 향하여 성난 모습으로 표현되었고 그럴 때마다 엄마는 애꿎은 희생양이 되어야 했다.

"난, 엄마처럼 안 살 거야!"

엄마를 향한 폭발은 사실은 아버지를 향한 것이었으리라. 그렇게도 이해할 수 없었던 아버지의 모습. 그런데 그 아버지의 모습 안에는 어쩌면 수천 년 동안 이 땅에서 살다

간 수많은 아버지들의 말 못할 아픔이 스며 있지 않았을까?

격동의 역사가 지나고 이 땅에 전쟁이 그친 지 60년이 넘어간다. 전쟁을 모르는 세대가 생겨났고 사랑하는 가족의 생명과 안전이 위협받지 않는 놀라운 축복을 5천 년의 역사 이래 누리게 되었다. 평생을 수고하고 지친 이 땅의 아버지들이 이제 가정으로 돌아와 쉼을 누리며 가족과 사랑을 나누고자 하는데, 그들의 어눌한 사랑 표현이 제대로 전달이 안 되나 보다.

친정아버지가 돌아가시고 난 후, 남편과 결혼을 하고 나서 나는 또 한 명의 아버지를 만나게 되었다. 그 누구보다도 나를 반갑게 맞아 주시는 시아버지는 새 며느리와 하고 싶은 이야기가 꽤나 많으신 듯했다. 이런저런 이야기를 듣고 있노라면 시아버지의 모습 속에서 마치 어린아이의 순수함이 느껴졌다.

"아버님은 꼭 천사 같으세요!"

나의 솔직한 표현에 온 시집 식구들이 배꼽을 잡고 웃었다. 젊은 시절 가족에게 많은 아픈 기억을 남겨 준 시아버지와 천사의 이미지가 전혀 어울리지 않는다고 생각해서였다.

결혼 후 나와 남편은 우리가 사는 미시간 주에서 약 3시간 반 정도 떨어진 시부모님 댁을 정기적으로 방문했다. 시어머니는 맛있는 한국 음식을 잔뜩 준비해 놓고 둘째 아들 내외를 기다리고 계셨다.

"아버지, 잘 지내셨어요?"

"(자동)차, 잘 있니?"

오랜만에 만난 아버지의 첫인사에 남편은 어안이 벙벙한 눈치다. 자동차 정비를 해서 자동차에 관한 한 전문가이신 시아버지는 늘 차로 대화를 시작하셨다. 간혹 자동차가 고장이 나서 연락을 드리면 시아버지는 만사를 제치고 달려오셨다. 아무리 어렵고 힘든 작업도 끝까지 마무리하시고 집으로 돌아가시는 아버님의 얼굴은 기쁨으로 환히 빛나곤 했다.

아내와 두 아들을 데리고 미국으로 이민 오신 아버지가 공항에 내리자마자 낯선 미국 사람들에게 "헬로", "땡큐" 하며 대화하는 것을 바라본 9살의 어린이였던 남편은 '아버지가 영어를 굉장히 잘하시는구나!' 생각했단다. 그런데 얼마 지나지 않아 그 몇 마디가 아버지가 아는 영어의 전부라는 것을 알게 되었다.

아버지는 언어도 문화도 생소한 미국 땅에서 열심히 일하여 아메리칸 드림을 이루었고 자녀들도 나름대로의 삶을 찾아 행복하게 살고 있다. 그동안 낯선 땅에서 일하느라 나누지 못했던 가족의 정을 나누며 사랑을 표현하려 하는데, 아들과 아버지가 서로의 대화를 이해하는 데 시간이 필요했다.

"차, 잘 있니?"(사랑한다. 아들아!)

5천 년의 고난의 역사를 통해 아버지들의 마음이 낮아지고 가난해졌다. 스스로 자랑할 것이 별로 없음을 고백하지 않을 수 없다. 지금의 부요하고 풍족한 모습이 하나님의 은혜임을 인정하지 않을 수 없다. 그런데 그 가난하고 낮아진 마음을 따라 하나님의 킹덤이 임하고 있는 것을 발견한다.

"너희 가난한 자는 복이 있나니 하나님의 나라가 너희 것임이요"(눅 6:20).

그들이 아무것도 하지 않은 것이 아니었다. 그들은 오히려 위대한 일을 감당했다. 그들의 가난하고 낮아진 마음을 타고 저 높은 하나님의 나라가 우리 가운데 임하였다. 하나님의 나라는 겸손의 왕이 통치하시는 나라이기 때문이다.

## 02

# 왕의 판결

### 에덴동산의 첫 판결

여자로 태어나서 여자로서 수십 년을 살았지만 여자인
내가 누구인지 잘 모르겠다. 여자로서 어떻게 사는 것이 옳
은지는 더더욱 어려운 질문인 것 같다. 왜 나는 아내가 되고
엄마가 되면서부터는 이전의 삶들을 계속하기가 쉽지 않은
것일까?

부부 싸움을 하고 나면 남편은 영락없이 책방에 가서 새로운 책을 사서 읽는다. 좋은 남편이 되기 위해서는 무엇을 어떻게 해야 하는지 알고 싶었던 모양이다. 때로는 남편이 내가 읽을 책도 사다 주는 경우가 있었다. 읽고 나면 남편과의 관계에 어느 정도 도움이 되었다. 그러나 그 내용들이 내가 여자로서 살았던 인생에 대해 설명해 주지는 못했다.

나는 답답한 마음을 가지고 남자와 여자를 만드신 하나님께 나아갔다. 혹 하나님이 대답해 주시지 않을까? 하나님은 자신이 거룩하고 공의로운 재판장으로서 선악과를 먹는 죄에 가담한 자들을 판결하는 모습을 보여 주셨다.

하나님이 창조하신 세상은 먹지 말라고 명령하신 선악과를 사람이 먹음으로 말미암아 엄청난 위기에 처하게 되었다. 의로운 재판장이신 하나님께서 선악과를 먹은 범죄에 참가한 모든 이들을 불러 모으신 후 그들의 이야기를 다 들으시고는 친히 이 범죄에 대한 판결을 내리신다.

"여호와 하나님이 뱀에게 이르시되 네가 이렇게 하였으니 네가 모든 가축과 들의 모든 짐승보다 더욱 저주를 받아 배로 다니고 살아 있는 동안 흙을 먹을지니라 내가 너로 여자와 원수가 되게 하고 네 후손도 여자의 후손과 원수가 되게 하리니 여자의 후손은 네 머리를 상하게 할 것이요 너는 그의 발꿈치를 상하게 할 것이니라 하시고 또 여자에게 이르시되 내가 네게 임신하는 고통을 크게 더하리니 네가 수고하고 자식을 낳을 것이며 너는 남편을 원하고 남편은 너를 다스릴 것이니라 하시고 아담에게 이르시되 네가 네 아내의 말을 듣고 내가 네게 먹지 말라 한 나무의 열매를 먹었은즉 땅은 너로 말미암아 저주를 받고 너는 네 평생에 수고하여야 그 소산을 먹으리라 땅이 네게 가시덤불과 엉겅퀴를 낼 것이라 네가 먹을 것은 밭의 채소인즉 네가 흙으로 돌아갈 때까지 얼굴에 땀을 흘려야 먹을 것을 먹으리니 네가 그것에서 취함을 입었음이라 너는 흙이니 흙으로 돌아갈 것이니라 하시니라"(창 3:14-19).

의로운 재판장이신 하나님께서 내리신 판결은 뱀과 두 사람뿐 아니라 이후에 오는 인류의 운명을 결정하는 중요한 역할을 했다. 하나님의 판결로 말미암아 사람을 포함한 피조물 사이에 새로운 관계가 형성되었다.

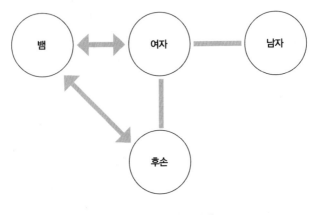

〈에덴동산의 첫 판결〉

첫째, 뱀에게는 저주를 선포하셨다. 그리고 여자와 여자
의 후손이 뱀과 원수가 될 것이라고 말씀하셨다. 그중 여자
의 후손은 뱀의 머리를 상하게 하는 특별한 사명을 감당하
게 된다.

둘째, 선악과를 먹은 대가로 여자는 임신과 해산의 고통
이 있을 것이고, 남편을 사모하게 되며 남편은 그녀를 다스
리는 관계가 될 것이라고 말씀하신다.

셋째, 아내의 말을 따라 선악과를 먹은 아담으로 말미암아 땅은 저주를 받게 되고, 그는 이제 저주받은 땅에서 먹을 거리를 얻기 위해 수고하는 인생이 된다.

사탄이라면 어떻게 할까?

그날 에덴동산에서 하나님의 판결을 들은 뱀은 어떤 생각을 했을까? 지혜로운 뱀은 그의 제한된 지식과 능력을 가지고 자신을 보호하고 살아남기 위해 과연 어떤 계략을 세웠을까? 뱀은 이후 그의 원수들에게 관심을 집중하지 않았을까? 바로 여자와 그의 후손에게 말이다. 그중에서 뱀이 관심을 집중한 이는 누구일까?

하나님은 여자를 모든 관계의 한가운데에 두셨다. 여자는 남자와 후손 그리고 뱀, 이 모두와 관계를 가진다. 따라서 여자는 모든 이에게 영향을 미치는 위치에 놓였다. 뿐만 아니라 여자의 후손이 뱀의 머리를 상하게 할 것이라고 말씀하셨는데, 그 후손을 낳는 자가 바로 여자다. 뱀이 여자를 자기 뜻대로 움직일 수만 있다면 여자가 후손을 안 낳게 할 수도 있는 것이다. 지혜로운 뱀은 과연 누구에게 모든 관심을 집중시켰을까? 뱀은 그 누구보다도 여자에게 관심을 두고 총공격하지 않았을까 생각해 본다.

여자를 향한 사탄의 공격:

역사를 살펴보면 민족과 문화를 초월하여 여성이 억압받고 차별받는 것을 본다. 그리고 이런 현상은 복음의 빛이 들어가지 않은 곳에서 더 심해진다. 지금이야 그런 현상들이 많이 사라졌지만 불과 수십 년 전만 해도 여자는 여자라는 이유로 불평등을 감수하며 살아야 했다.

왜 이런 일들이 시대를 막론하고, 민족과 문화를 막론하고 일어나는 것일까? 그 이유는 어쩌면 여자가 '사탄의 원수'이기 때문은 아닐까? 에덴동산에서 하나님의 판결 이후 사탄은 끊임없이 여자를 공격하고 억압하지 않았을까?

2009년 여름, 파키스탄으로 2주간의 단기선교를 다녀왔다. 도착하자마자 우리는 그곳 사람들이 입는 옷으로 갈아입었다. 사람들의 눈에 띄지 않기 위해서이기도 하고 그들에게 친근하게 다가가기 위해서이기도 했다. 형형색색의 옷을 입고 보니 정말 다른 문화를 입은 듯해서 가슴이 설렜다. 우리는 여자들이 머리에 쓰는 '히잡'이라는 스카프를 두르며 멋을 부리기도 했다. 하지만 그 설렘은 하루도 안 돼 물거품이 되어 버렸다.

머리카락만 겨우 가리는 히잡을 쓰고도 이루 말할 수 없이 답답했기 때문이다. 익숙지 않은 것 이상의 억눌림을 느꼈다. 누군가 굳이 말해 주지 않아도 히잡은 내게 내 존재 자체를 가려야 한다고 끊임없이 얘기하는 듯했다.

그러다 시장 거리에 나갔다가 더 기가 막힌 모습을 보게 되었다. 머리부터 발끝까지 완전히 몸을 가리게 만든 부르카를 뒤집어쓴 여인들의 모습은 이국적이라고 신기해할 것이 못 됐다. 무슬림들이 여인들이 왜 부르카를 입어야 하는지를 설명해 주었지만 아무리 그럴듯한 이유라도 나는 전혀 공감할 수 없었다. 앞을 볼 수 있게 겨우 눈 주위만 망사로 처리된 저 부르카 안에 숨겨진 여인들은 과연 어떤 생각을 하며 지낼까? 도대체 누가 저 여인들을 옭아매고 숨기고 압박하는 것일까?

2주일의 시간이 지나고 파키스탄 공항에서 마침내 그 수건을 벗어던지자 이제야 내 존재가 다시 살아 움직이는 기분이었다. 미시간의 집으로 돌아오는 비행기 안에서 나는 내내 그 부르카 안에 감춰진 여인들을 생각했다. 왜 사탄은 아직도 저 여인들을 붙잡고 억누르고 있을까? 감추어진 그녀들의 존재 안에 아마도 사탄이 두려워 떨어야 할 하나님의 엄청난 계획이 있음에 틀림없다. 나는 그 여인들을 통해 이루게 될 하나님의 역사를 위해 기도했다. 그녀들이 손잡고 가던 어린아이들이 사탄의 머리를 밟게 되는 날이 곧 오게 해 달라고 기도했다.

여자의 사명을 향한 사탄의 공격:

이제 시대가 변하고 있다. 여성의 존재를 억압하기가 그리 쉽지 않은 시대가 되고 있는 것이다. 여성의 능력과 존귀함이 아름답게 드러나고, 여성다움이 귀히 여겨지는 이 시대에, 사탄은 쉽사리 여성의 존재를 억누를 수 없음을 깨달았을 것이다. 따라서 사탄은 다른 방법을 사용하려 들 것이다. 이제는 여자의 존재를 억누르는 것이 아니라 대신 하나님이 여자에게 맡기신 사명을 감당하지 못하도록 그녀를 공격하려 하지 않을까?

모든 관계의 중심에 있는 여자에게 남편을 향하여는 '아내', 자녀에게는 '어머니', 그리고 사탄을 향하여는 그의 '원수'로 살아가는 사명이 맡겨졌다.

아내의 사명은 그녀의 남편이 선악과를 먹음으로 말미암아 잃어버린 그의 원래 정체성을 회복시키는 것이다. "아내의 말을 듣고" 선악과를 먹는 바람에 그녀의 남편은 온 땅을 정복하고 모든 생물을 다스리는 권세 있는 자리에서 졸지에 저주 받은 땅에서 땀 흘려 수고하는 처지로 떨어지고 말았다. 이제 아내를 통하여 그의 정체성을 회복시키기를 하나님이 원하신다. 에덴동산에서 누리던 아담의 권세, 예수님이 십자가에서 되찾으신 권세가 이제 남편의 삶에서 회복되는 것이 아내인 여자의 사명이다.

어머니가 되기 위해 임신의 고통과 해산의 수고가 따르지만 그 모든 어려움을 극복하고 거룩한 세대를 낳는 것이 어머니의 사명이다.

여자의 또 다른 사명은 사탄의 원수다. 원수에 대해 알고 사탄을 무너뜨리는 것이 그녀의 몫으로 주어졌다.

그런데 어찌 된 일인지 여자인 내가 도리어 사탄을 두려워하는 경우가 다반사인 것을 발견한다. 그리고 내 안에 들어온 두려움은 나에게만 머물러 있지 않는다. 남편과 자녀에게 영향을 미치게 된다. 여자가 사탄(세상)을 두려워하기 시작하면 남편의 정체성을 회복시키는 아내의 역할을 제대로 감당하기 어렵다. 자녀들을 거룩한 세대로 양육하는 것이 아주 힘든 일이 된다.

여자로 태어나 수많은 것들을 열심히 추구하며 사는 동

안 정작 아내의 역할, 어머니의 자리를 소홀히 한 나의 모습이 떠오른다. 나의 존재를 인정받기 위해 소중한 가족을 뒷전으로 한 채 정신없이 달리려 하지 않았던가. 아! 내가 무언가에 속고 있었나 보다. 여자가 자신이 하나님 안에서 누구인지 깨닫게 될 때 비로소 하나님 나라의 회복이 시작되지 않을까 생각한다.

### 남편과 아내의 연합

남편의 의과대학 졸업을 앞둔 겨울날 우리는 만났다. 첫 만남이었지만 하나님을 향한 그의 열정과 헌신에 감동하여 나는 결혼 신청을 받아들였다. 한창 학기말 시험 중이라 바쁜 나만큼이나 남편도 분주하게 준비하는 것이 있었다. 곧 의대를 졸업하면 대학병원에 들어가 레지던트 과정에 들어가야 하기 때문에 제출할 원서를 준비하는 것이다. 미시간과 시카고 등 몇 군데 원서를 넣을 계획이라던 그는 '에세이'를 쓰느라 여념이 없었다. 성적이나 추천서 등은 이미 자기 손을 떠난 것이므로 이제 마지막 남은 에세이로 입학 심사하는 사람들을 감동시켜야 한다고 했다.

원서를 보내고 얼마 후 인터뷰를 하더니 또 얼마 지나지 않아 레지던트 과정 입학을 허락한다는 통고를 미시간대학 병원으로부터 받았다. 그를 아는 사람들은 모두 기적이라고 놀라움을 금치 못했다. 자신의 성향과 맞지 않은 의대 공부를 하느라 그의 성적표에는 F가 여러 개 있었다. 뿐만 아니라 4년제 의과대학 공부를 그는 6년 만에 마쳤다. 성적으로 봤을 때 그는 괜찮은 대학병원에 들어가기 어려운 형편이었다. 더구나 미시간대학병원의 정신과 입학은 꿈도 꿀 수 없는 상황이었다.

애초에 몇 군데에 원서를 넣을 계획이라더니 그는 오직 미시간대학병원에만 원서를 제출했다. 이유는 간단했다. 아내 될 사람인 내가 미시간에서 공부하고 있기 때문이다. 결혼하면 부부가 함께 있어야 한다는 한 가지 믿음 때문에 모험을 감행한 것이다.

그는 에세이를 쓰면서 간절히 기도했다. 결혼하면 아내와 함께 있을 수 있게 해달라고! 그의 간절한 마음에 하나님이 감동하셨나 보다. 그는 아주 짧은 시간에 하나님이 주신 지혜로 한국(동양) 사람과 미국(서양) 사람의 관점이 어떻게 다른지에 대해 정리했다.

| Korean American Perspective(코리안 아메리칸 관점) | |
| --- | --- |
| **Korean**(코리안) | **American**(아메리칸) |
| "We" identity<br>"우리" 정체성 | "I" identity<br>"나" 정체성 |
| We are passive<br>우리는 수동적이다 | I am aggressive<br>나는 적극적이다 |
| We accept the world<br>우리는 세상을 용납한다 | I change the world<br>나는 세상을 변화시킨다 |
| We contemplate<br>우리는 생각한다 | I act<br>나는 행동한다 |
| We believe in the freedom of silence<br>우리는 침묵의 자유를 믿는다 | I believe in the freedom of speech<br>나는 말의 자유를 믿는다 |
| We marry first, then love<br>우리는 결혼하고 사랑한다 | I love first, then marry<br>나는 사랑하고 결혼한다 |
| Love is a bond<br>사랑은 결속력이다 | Love is a contract<br>사랑은 계약이다 |
| Our love is mute<br>우리의 사랑은 벙어리다 | My love is vocal<br>나의 사랑은 말로 표현한다 |
| Self denial is the secret to our survival<br>자기 부인은 생존의 비밀이다 | Self assertiveness is the key to my success<br>자기 주장은 성공의 열쇠다 |

그는 동양인이 점점 늘어나고 있는 가운데, 동양인에 대해 올바른 이해를 하는 것이 정신과 분야의 발전에 얼마나 중요한지를 설명하였다. 그 두 모습을 모두 지니고 있는 자신이 기여할 수 있는 바를 설명하였다.

그를 인터뷰한 담당자는 에세이 때문에 그를 받아들이기로 했다며 앞으로 기대하겠노라고 격려했다고 한다. 부부는 함께 있어야 한다는 것을 그 무엇보다 우선순위에 두었을 때 부어 주신 하나님의 은혜였다.

"그러므로 사람이 부모를 떠나 그의 아내와 합하여 그 둘이 한 육체가 될지니 이 비밀이 크도다 나는 그리스도와 교회에 대하여 말하노라"(엡 5:31-32).

남자가 그의 아내와 합하여 한 몸을 이루는 것이 도대체 얼마나 중요한 것일까? 그런데 하나님은 그것이 큰 비밀 (Profound Mystery), 즉 아주 심오한 비밀이라고 하신다. '그 비밀이 무엇인지 그냥 저희에게 알려 주면 안 되나요? 설명해도 이해하지 못할 거니까 비밀이라고 하신 건가요?' 나는 마음으로 질문했다. 모르긴 해도 그 큰 비밀은 매우 중요한 일임에 틀림없다. 도대체 어떻게 해야 남자가 아내와 연합하여 한 몸을 이루게 될까? 예수님이 친히 그 본을 보여 주셨다.

아버지의 집을 떠남:

예수님은 신부인 교회를 얻기 위해 제일 먼저 아버지의 집을 떠나야 했다. 그의 신부가 있는 이 세상은 더럽고 누추하고 악취 나는 곳이었다. 예수님이 살던 아버지 집과는 감히 비교할 수 없는 곳이었다. 그럼에도 불구하고 주님은 신부를 찾기 위한 일념으로 아버지의 집을 떠나 악으로 가득 찬 이 땅으로 오셨다.

이 세상에 한 가정을 새롭게 태어나게 하는 하나님의 방법이 때로는 사람들의 관습과 많이 다름을 보게 된다. 오랫동안 우리의 문화에서는 남자가 부모의 집으로 신부를 데려오는 것이 관습이었다. 그런데 하나님은 인류에 '가정'이라는 제도를 처음 만드신 에덴동산에서부터 가정이 탄생되기 위한 분명한 조건을 제시하셨다. "남자가 부모를 떠나"야 한다고.

아버지로부터 버림받음:

예수님이 견디기 힘든 순간이 마침내 찾아왔다. 그 고통
이 어떤 것인지 알고 있기에 예수님은 전날 밤 겟세마네에
서 땀방울이 핏방울이 되도록 기도하셨다. 그러나 아들은
끝내 자신의 의지를 꺾고 아버지의 뜻에 순종한다. 십자가
에서 아들은 아버지와의 결별을 경험한다.

"나의 하나님, 나의 하나님, 어찌하여 나를 버리셨나
이까"(마 27:46).

그 순간은 아버지도 아들에게서 얼굴을 돌리신다. 아들
을 떠나보내야 한다는 강한 의지로 아버지는 사랑하는 아
들을 십자가에 버려두었다. 아들은 아버지로부터 버림받은
아픔 때문에 절규했지만 사랑하는 아버지의 마음을 알기에
아버지의 뜻에 끝까지 순종한다.

신부와 한 몸을 이룸:

아들은 자신의 생명을 주고 마침내 신부를 얻었다. 그리
고 신랑과 신부가 이제 한 몸을 이룬다. 예수님은 자신의 몸

을 찢어 신부에게 주셨다(마 26:26). 말씀이 육신이 되어(요 1:14) 이 땅에 오신 예수님의 찢긴 몸은 또한 말씀으로 신부 안에 거하신다. 창조의 말씀이, 이사야의 말씀이, 에베소 교회에 하신 말씀이 모두 신랑 예수의 몸이다. 신부인 우리는 말씀을 읽고 묵상하면서 예수님과 점점 하나가 되어 간다.

"너희가 내 안에 거하고 내 말이 너희 안에 거하면 무엇이든지 원하는 대로 구하라 그리하면 이루리라"(요 15:7).

그리스도와 신부가 연합하여 하나되면 무엇이든 원하는 대로 구할 때 이루어지는 놀라운 일이 일어난다. 신랑과 신부가 한 몸이 되었을 때 하나님은 그 두 사람에게 온 땅과 피조물을 다스리라고 맡기셨다. 그래서 사도 바울이 '큰 비밀'이라고 말했던 것은 아닐까?

**어제의 최선이 오늘의 최선이 아니다**
미국이라는 낯선 나라에 이민 와서 고생하시는 부모님을

기쁘게 해 드리기 위해 정신과 의사가 되었던 남편은, 이제 가정을 이루어 남편이 되고 아빠가 되면서 그의 인생을 놓고 하나님 앞에 기도하기 시작했다. 한 가정의 가장으로서 쉬운 결정은 아니었지만 그는 정신과 의사로서의 일을 그만두기로 결단했다.

2000년 여름 병원 일을 내려놓은 뒤 그는 그 어느 때보다도 하나님과 친밀하게 교제하며 하나님의 뜻을 찾고 구하는 일에 몰두하였다. 새로운 부르심의 장소인 미시간대학으로 가기까지 6개월이 넘는 기간 동안 그는 코리안 디아스포라의 정체성과 시대적 사명에 대해 연구하는 데 시간과 힘을 쏟았다.

새로 시작한 미시간대학에서의 일은 그에게 새로운 일들을 시도해 볼 수 있는 많은 기회들을 제공했다. 그는 젊은 학생들과 함께 새로운 시대를 꿈꾸고 준비하는 일을 하며 참으로 감사한 시간을 보내고 있었다.

그러던 2001년 초, 남편은 처음으로 그동안 기도하며 준비해 온 코리안아메리칸 가정의 정체성과 세대 간의 이슈에 관한 내용을 대중 앞에서 발표할 기회를 얻었다. 뉴욕에서 열린 CBMC(Connecting Business and Marketplace to Christ, 기독실업

인회) 대회에서였다. 사실 그 자리에는 자마의 창설자인 김춘근 장로님이 서기로 했는데, 대회를 앞두고 갑작스런 일이 생겨서 남편에게 대신 서 달라는 부탁을 하셨다. 남편은 두렵고 떨리는 마음으로 장로님의 요청을 받아들여 서게 되었다.

두근거리는 심정으로 준비한 내용을 발표하고 난 후 남편의 삶은 전혀 예상하지 못한 길로 인도되었다. 많은 분들이 남편의 연설을 눈물을 흘리며 들었고 이를 계기로 또 다른 집회에서 초청이 들어오더니 초청이 연달아 들어왔다. 그런 까닭에 남편은 주말이면 으레 집을 떠나 미국 어딘가에서 말씀을 전하게 되었다.

2002년 봄 어느 새벽녘, 주말 동안 집을 비운 남편이 돌아와 곤하게 잠이 들었다. 짧은 시간 눈을 붙인 뒤 다시 월요일 아침 강의를 위해 집을 나서야 했다. 곤하게 잠이 든 남편 곁에는 갓 태어난 막내 조셉이 쌔근쌔근 자고 있었다.

정신없이 곯아떨어진 남편의 얼굴을 바라보는데, 갑자기 두려움이 몰려왔다. 주말이면 거의 집을 비우는 남편, 아직 백일도 지나지 않은 막내를 포함하여 어린 세 아이들, 나는 과연 이 모든 것을 감당할 수 있을까? 아직 오지도 않은 미래를 생각하며 나는 괜히 두려워지기 시작했다. 그가 다른 집의 남편들처럼 주말에도 함께 있어 주었으면, 어린아이들을 함께 돌볼 수 있었으면, 집안일을 도와주지 않아도 좋으니 그냥 같이만 있어 주면 좋겠다는 생각을 하는데 막연한 두려움이 나를 휩쌌다.

"하나님, 남편의 도움이 필요해요."

"내가 너의 남편을 불렀단다."

남편에게 일어난 갑작스런 변화는 그가 의도한 것도 아니고 혹 사람이 계획한다고 해서 될 일도 아니었다. 그가 말씀을 전할 때마다 그의 능력 이상으로 하나님의 은총이 부어졌다. 하나님이 그를 부르시고 있음을 부인할 수 없었다. 하나님이 필요한 일에 그를 부르신다면, 나는 어떻게 해야 하지?

"하나님과 경쟁하지 않겠습니다."

내가 할 수 있는 최선의 선택은 하나님이 그를 마음껏 쓰실 수 있도록 내어 주는 것이다. 어딘가에서 초청이 들어오면 남편은 항상 아내인 내 의견을 물었다. 그런데 그날 이후로 남편은 내 의견을 물을 필요가 없어졌다. 하나님이 부르신다고 확신되면 언제 어디든 기쁜 마음으로 달려갔다.

남편이 없는 주말은 이제 남은 식구들에게 일상이 되고 있었다. 어린 아이들을 혼자 돌보는 것이 그리 쉬운 일은 아니었지만 정작 힘든 것은 다른 데 있었다.

미국의 가정은 주말이면 온 가족이 모여 함께 시간을 보낸다. 그것이 가장 자연스런 미국 가정의 모습이다. 그런데 우리 집은 주말이면 오히려 아빠가 집을 비웠다. 창문으로 저물어 가는 석양빛이 저녁 시간을 알리지만 석양이 모습을 완전히 감춘 뒤에도 우리 집에는 더 올 사람이 없다는 사실에 나는 왠지 외로웠다. 아이들도 참 안쓰러웠다.

한 사람의 무게가 이렇게 크단 말인가?

마음은 술렁거렸지만 애써 잠재워야 했다. 대신에 이 시간을 어떻게 기쁘고 감사하게 지낼 것인지를 고민해야 했다.

같은 교회에 다니는 한 자매가 우리 집에 놀러 왔다가 또 남편 없이 지내는 것을 보더니 내게 별명을 하나 지어 주었다.

"생과부시네요!"

자매의 이 말에 우리는 서로를 쳐다보며 한참 웃었다. 자매가 돌아간 후에도 이 말이 계속 생각났다. 생과부로서 남편이 없는 시간을 어떻게 유익하게 보낼까? 옆에 없는 남편을 불평하며 시간을 보내는 대신, 남편이 옆에 있을 때 하지 못하던 것들을 해야겠다! 그래서 기도와 말씀을 읽는 일에 전념해야겠다고 작정했다.

기도의 골방으로 사용하는 나의 옷장은 남편이 집을 떠나 있는 동안 내가 가장 많은 시간을 보내는 장소가 되었다. 그 골방에서 나는 영원한 신랑이신 예수님과 시간을 보냈다. 내 얼굴에서 힘들어하는 모습도, 불평 어린 모습도 사라지자 남편이 가끔 묻곤 했다. 자신이 없는 시간이 힘들지 않느냐고. 그러면 나는 남편에게 생과부의 비밀을 넌지시 알려 주었다.

"당신이 집을 떠나 있으면, 또 다른 신랑이신 예수님과 더 많은 시간을 보낼 수 있어서 나는 괜찮아."

그리고 동네 엄마들과 모여 교제하는 일이 늘어났다. 서로 자신의 가정사를 얘기하고 그를 위해 기도해 주는 것이 남편이 집을 비운 우리 집 거실 풍경이 되었다. 자매들은 언제든지 자유롭게 우리 집에 와서 마음껏 마음을 나누었고 서로에게서 힘을 얻었다. 처음 몇 년간은 힘들더니 이젠 생과부로 사는 시간에 제법 익숙해졌다.

아빠가 없어서 썰렁하던 집안 분위기는 동네 아이들의 활기로 채워졌다. 세 아이들의 또래 친구들을 집으로 불러다 실컷 놀게 해준 것이다. 뒷마당에서, 거실에서, 지하실에서… 어디든 놀고 싶은 대로 마음껏 놀았다. 한국 아이, 동양 아이, 백인 아이, 흑인 아이… 누구든 편하게 와서 놀았다. 더 놀고 싶어 하는 아이들이 있으면 주말 슬립오버(Sleepover)도 오케이. 우리 아이들은 외로울 틈이 없었다.

'고아원'은 우리 집에 들른 어느 엄마가 아이들로 가득한 집 안 풍경을 보고 붙여 준 별명이다.

'생과부'인 아내를 남겨 두고 '고아원'을 떠난 남편은 덕분에 가족을 걱정하지 않고 자신에게 맡겨진 일을 열심히 할 수 있었다. 하나님의 말씀을 전하고 힘들어하는 가정들을 치유하고, 자신이 누구인지 몰라 방황하는 세대들을 향해 방향과 비전을 제시하는 일에 혼신을 다했다. 그렇게 살아간 세월이 어느덧 10년이 지났다.

2011년 봄, 오후가 되었는데도 남편은 아직 잠에서 깨어나지 못했다. 몇 주간 여러 나라를 다닌 탓에 피로가 쉽게 풀리지 않는 모양이었다. 아이들이 학교에서 돌아올 시간이 다 되어 가건만 남편은 여전히 잠에 취해 있었다. 남편은 이렇게 며칠 푹 쉬고 나면 한국과 중국에서 있을 여러 모임에 참여하러 다시 집을 비워야 한다.

잠자는 남편의 모습을 내려다보는데 한 해 전 아버지의 날(Father's Day)에 크리스토퍼가 그린 아빠의 모습이 떠올랐다. '잠자는 아빠'(Sleeping Daddy). 그 그림을 보며 온 가족이 배꼽을 잡고 웃은 적이 있다.

"크리스토퍼, 아빠는 밖에서 (영적) 전쟁을 치르고 돌아와 집에서 쉬고 있는 거야!"

아들을 이해시키기 위해 아빠가 아무리 설명해도 크리스토퍼에게 비친 아빠는 오랜만에 집에 돌아와 잠자는 사람이었다.

남편이 사랑하는 가족과의 즐거운 시간을 뒤로하고 부르신 곳에서 만나게 하신 사람들을 축복한 일은 하나님의 부르심에 순종하기 위한 그의 최선의 선택이었다. 그가 마음껏 사역할 수 있도록 그를 내어 보낸 것 또한 나와 세 아이들의 최선의 선택이었고 하나님을 향한 사랑의 표현이었다. 그렇게 보낸 세월이 어느덧 10년이 된 것이다.

그날 남편은 똑같은 모습으로 잠자고 있었지만 어쩐지 하나님께서 우리 가정을 향하여 10년 전과 다른 순종을 요구하시는 것이 느껴졌다.

'Yesterday's best is not today's best'(어제의 최선이 오늘의
최선이 아니다).

"오늘의 최선은 무엇인가요?"

오늘의 최선은 '함께'하는 것이라고 말씀하시는 것 같았
다. 수많은 일들을 남편과 아내가 따로 했는데, 이제는 할
수만 있다면 함께하기를 원하셨다. 온 가족이 하나되기를
원하셨다. 어제의 최선을 위해 어제의 순종을 요구하셨던
하나님은, 오늘은 오늘의 최선을 위해 어제와 다른 오늘의
순종을 요구하셨다.


**사탄의 원수**

한 남자가 아내를 만나 가정을 이루면 그의 이름이 '신
랑'이 된다. 교회의 신랑이신 예수 그리스도의 모습처럼 아
내를 사랑하라고 그 이름을 주시지 않았을까? 그 신랑이 아
내와 함께 자녀를 갖게 되면 그에게는 '아버지'라는 또 하나

의 이름이 주어진다. 하나님 아버지의 마음으로 자녀들을 양육하고 섬기라고 하나님의 이름을 주셨나 보다. 신랑과 아버지로 불리는 한 남자의 존재를 통해 하나님과 예수님의 모습을 드러내고 싶으신가 보다. 남자로 태어나 누리게 되는 특권 중 가장 위대한 특권을 꼽으라면 바로 그들의 이름이 아닐까 생각한다. 이 땅에 사는 동안 하나님의 이름과 예수님의 이름을 가지고 살아갈 수 있다는 것, 이것보다 더 큰 복이 어디 있을까?

그런데 가정에서 남자의 존재, 즉 남편과 아버지가 존재하지 않는다면 어떻게 될까? 아내는 갑자기 과부가 된다. 그리고 자녀들은 고아(fatherless)가 되어 버린다. 한 사람, 남자의 부재로 말미암아 아내와 자녀에게 새로운 이름이 주어진다. 하나님은 세상의 그 어떤 부류의 사람들보다도 유난히 고아와 과부를 향해 안타까운 마음을 가지시며 자신의 백성에게 고아와 과부를 돌보라고 신신당부하셨다. 우리 가운데 있는 고아와 과부를 돌보는 것이 하나님을 기쁘시게 하는 일이라고 거듭 강조하셨다.


"하나님 아버지 앞에서 정결하고 더러움이 없는 경건

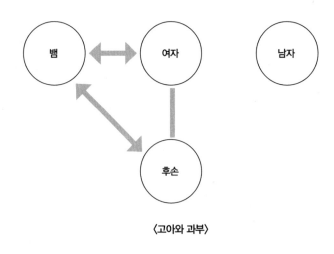

〈고아와 과부〉

은 곧 고아와 과부를 그 환난 중에 돌보고 또 자기를
지켜 세속에 물들지 아니하는 그것이니라"(약 1:27).

혹여 고아와 과부가 삶의 어려움으로 곤경에 처하지 않
을까 걱정하시는 하나님의 배려다. 그들을 억울하게 하거
나 그들의 처지를 악용하려는 의도에 대해 엄중히 경고하
셨다.

그런데 남자가 없음으로 말미암아 고아와 과부가 된 그
들은 누구인가? 여자와 후손! 그들은 하나님께로부터 특별

한 사명을 부여받은 사람들이다. 하나님은 그들을 '사탄의 원수'라고 부르셨다. 사탄의 킹덤을 무너뜨리고 하나님의 킹덤을 다시 세우는 데 중요한 역할을 할 사람들이다. 그들이 고아와 과부가 되는 것을 왜 그토록 마음 아파하시고 온갖 배려를 하시려는 것일까? 때로는 아버지와 남편의 빈자리를 그냥 두지 않으시고 하나님 자신이 친히 그 자리를 메워 주기도 하신다.

"그의 거룩한 처소에 계신 하나님은 고아의 아버지시며 과부의 재판장이시라"(시 68:5).

고아에게 아버지의 역할, 과부에게 남편의 역할을 해 주시며 그들이 이 땅에서 남편 없이, 아버지 없이 살아가는 삶이 힘들지 않도록 도와주신다. 그런데 가정에 남자가 없어서 생기게 되는 고아와 과부 외에도 또 다른 부류의 고아와 과부가 있음을 생각하게 된다.

**03**

# 하나님이 주신 오리지널 이름

**과부의 영**

가정의 의미가 무엇인지도 전혀 이해하지 못한 채 결혼한 나에게 결혼생활이란 나의 꿈을 성취하는 데 방해만 하는 걸림돌에 불과했다. 내 뜻대로 살다가 이제 남편의 마음을 살피고 그의 의견을 배려해야 하는 것이 참으로 쉽지 않았다. 이루어야 할 나의 목표들이 점점 시야에서 멀어지는 것 같아 초조했다. 남편이 아내인 나를 이해하고 배려해 주지 않는 것 같아 내 마음은 점점 닫혀 갔다. 더 이상 이렇게 살 수는 없을 것 같았다.

결혼생활이 1년가량 지났을 때 나는 '이제 그만'이라는 생각을 하기 시작했다. 남편에게서 벗어나 내 인생을 다시 시작하고 싶었다. 더 이상 그와 상관하지 않아도 되는 자유로운 삶을 살고 싶었다.

어떻게 다시 내 인생을 시작할 수 있을까? 남편으로부터 떠날 수 있는 그럴듯한 구실들을 열심히 찾아보았다. '어서 빨리 박사과정 공부를 끝낸 후 아주 먼 곳으로 직장을 얻어 떠나면 돼!' 나의 마음속에는 한 가닥 희망이 생겼다. 힘들어도 나는 꾹 참으며 더욱 공부에 열중했다. 공부를 빨리 마치는 것만이 악몽과 같은 결혼생활로부터 벗어날 길이라고 생각했다.

그러나 그 계획은 얼마 가지 않아 산산조각이 나 버렸다. 박사과정을 그만두어야 했던 것이다. 공부를 안 하면 이제 어떻게 살아야 할지 눈앞이 캄캄했다. 그런데 나를 절망시킨 것은 단지 그것만이 아니었다. 이제 남편으로부터 떠날 수 있는 구실이 없어진 것이 더욱 절망스러웠다. 악몽과 같던 결혼생활은 이내 지옥이 되었다.

그런데 그 지옥의 밑바닥에서 나는 내 마음속 깊은 곳에 꽁꽁 숨겨 둔 우상을 발견했다. 그리고 공부라는 우상을 꺼내어 회개하자 비로소 나는 자유함을 가질 수 있었다. 그날 나는 내 꿈을 방해하는 걸림돌이라 여긴 결혼생활이 나의 숨겨진 우상과 죄악을 드러내는 하나님의 거룩한 도구였음을 깨닫게 되었다.

"예수께서 대답하여 이르시되 사람을 지으신 이가 본래 그들을 남자와 여자로 지으시고 말씀하시기를 그러므로 사람이 그 부모를 떠나서 아내에게 합하여 그 둘이 한 몸이 될지니라 하신 것을 읽지 못하였느냐 그런즉 이제 둘이 아니요 한 몸이니 그러므로 하나님이 짝지어 주신 것을 사람이 나누지 못할지니라 하시니"(마 19:4-6).

그런데 나의 학업의 길이 갑자기 막히게 된 것이 내 마음의 우상을 드러내기 위한 것만은 아니었음을 곧 깨닫게 되었다. 어쩌면 하나님은 내가 남편을 떠나 하나님이 짝지어 주신 것을 나누겠다고 결정한 나의 악한 계획을 막으시려던 게 아닐까? 남편과 아내가 한 몸을 이루는 것이 하나님께는 매우 중요한 것인가 보다. 그래서 하나님은 세상을 만드신 후 아직 죄악이 무엇인지도 모르는 아담과 여자에게 둘이 한 몸을 이루라고 명령하셨다. 하나님이 만드신 킹덤의 기초 중 하나는 '한 몸을 이룬 부부'다.

그런데 나는 남편과의 결혼생활이 나의 계획을 이루는 데 방해가 된다고 생각하자 하나님 앞에서 서약하고 시작한 결혼임에도 불구하고 언제든지 내 편리대로 가르려고 했었다. 나는 남편의 아내라는 나의 위치가 거추장스러울 때가 많았다. 남편의 간섭을 받아야 하는 것이 불편했다. 그래서 남편과 나 사이에 단단한 벽을 만들어 놓고 사는 것을 쉽게 생각했다. 내 안에 과부의 영이 견고하게 자리 잡고 있었다.

나는 이제 고백한다. 하나님이 짝지어 주신 것을 나누려 했던 나의 계획이 악했다고. 그것을 막으신 하나님의 간섭하심이 참으로 선한 것이었다고. 그래서 우리 가정이 유지되고 나의 아이들이 이 세상에 태어나게 된 것이 정말 감사하다고.

## 아비 없는 세대

아버지의 마음을 자녀에게로:

우리가 살던 앤아버 동네 가까이에 딸의 학교 친구가 살고 있었다. 4명의 자녀가 있는 그 집 엄마는 남편 없이 혼자서 아이들을 돌보고 직장을 다니며 훌륭하게 가정을 꾸리는 싱글맘이었다. 주말이 되면 집집마다 아빠들이 나와 잔디를 깎고 있을 때, 그 집에서는 엄마가 마당에 나와 무거운 기계도 전혀 힘들어하지 않고 유연하게 잔디를 깎았다.

'와 진짜 멋있는 아줌마다.'

나는 그녀의 모습을 볼 때마다 감탄하곤 했다. 그런데 우리 집에도 싱글맘으로 불리는 여자가 있었다. 사람들은 나를 종종 '슈퍼싱글맘'이라고 불렀다.

남편이 사역을 하느라 집을 떠나는 일이 많아지면서 나도 본의 아니게 싱글맘의 삶을 살게 되었다. 미시간은 겨울에 눈이 엄청나게 내리곤 한다. 하필 남편이 집에 없을 때 눈이 잔뜩 쌓이면 한숨이 먼저 나온다. 끙끙거리며 눈 치우는 한국 아줌마의 모습이 안쓰러웠는지 언젠가부터 남편이 없는 동안 눈이 내리면, 우리 집 왼쪽 집에 사는 중국 아저씨와 오른쪽 집에 사는 미국 아저씨가 우리 집 앞의 눈까지 말끔하게 치워 주었다. 이들뿐 아니라 그 외에도 말없이 도와주는 손길 덕분에 슈퍼싱글맘으로 사는 일이 그리 어렵지 않을 수 있었다.

그런데 가정에서 남자가 잔디 깎고 눈 치우는 일과 비교할 수 없이 중요하게 해야 할 일이 있다. 잔디 깎고 눈 치우는 일이야 돈을 주고 해결할 수도 있고, 돈이 없으면 옆집 아저씨의 도움으로도 해결할 수 있다. 그러나 돈이나 옆집 아저씨가 해결해 줄 수 없는 중요한 역할을 각 가정의 남자에게 주셨다고 하나님은 거듭 말씀하신다.

"너는 마음을 다하고 뜻을 다하고 힘을 다하여 네 하나님 여호와를 사랑하라 오늘 내가 네게 명하는 이 말씀을 너는 마음에 새기고 네 자녀에게 부지런히 가르치며 집에 앉았을 때에든지 길을 갈 때에든지 누워 있을 때에든지 일어날 때에든지 이 말씀을 강론할 것이며"(신 6:5-7).

하나님을 전심으로 사랑하는 삶을 아버지가 먼저 삶에서 살아 내고, 그런 아버지의 모습을 자녀들이 집에서 늘 볼 수 있도록 하라고 명령하신다. 하나님의 말씀을 자녀들에게 가르치고, 자녀들과 함께 이에 대해 강론하라고 명령하신다. 자녀들의 영적인 교육을 아버지에게 위임하신 것이다. 이것은 학교 선생님이나 교회 지도자의 책임이 아닌 바로 아버지들의 몫이다.

그런데 대부분의 가정에서 자녀들이 아버지를 볼 시간이 별로 없다. 가족의 생계를 위해 돈버느라, 때로는 사역을 하느라 아버지는 자녀들과 함께 시간을 보낼 여유가 없다. 아버지에게 가정은 자녀들과 하나님의 말씀을 나누며 그들을 훈계하고 양육하는 곳이라기보다는, 밖에서 일하느라 지친 심신을 쉬는 곳이 되어 버렸다.

"아빠는 아빠의 역할을 그렇게 썩 잘하고 있는 것 같지 않아!"

어느 날 내뱉은 딸의 한마디에 나와 남편은 눈이 휘둥그레졌다. 아내인 내가 보아도 남편은 그 어떤 아빠들보다 좋은 아빠였다. 그는 아이들의 마음을 누구보다도 잘 이해했고, 내가 늘 입버릇처럼 하는 '~하면 안돼!'라는 말을 단 한 번도 사용하지 않으면서도 아이들을 잘 훈육하는 훌륭한 아빠였다.

"You give us left over time "(아빠는 우리에게 찌꺼기 시간만 주
잖아!)

딸이 설명한 이유에, 옆에서 듣고 있던 막내도 동의한다
는 듯 고개를 끄덕인다. 아빠가 자신들을 위해 소중한 시간
을 할애한다기보다 다른 중요한 일들을 먼저 하고 남는 찌
꺼기 시간을 자신들과 함께한다고 느낀 모양이었다. 당황
한 아빠가 이러저러한 이유를 대도 아이들은 여전히 고개를
가로저을 뿐이었다. 남편은 그날 이후 아이들이 느끼고 있
는 것에 대해 심각하게 고려하기 시작했다.

그동안 남편은 수백 명의 청소년들 앞에서 감동적인 메
시지를 전하고 그들의 인정을 받는 사역자가 되는 것이, 어
쩌면 세 아이들이 공감하는 좋은 아빠가 되는 것보다 수월
했는지도 모른다. 남편은 이제 정말 하나님이 바라시는 좋
은 아빠가 되고 싶다는 소원을 갖기 시작했다.

"Give us your prime time "(아빠의 가장 중요한 시간을 주세요!)

어떻게 하면 좋은 아빠가 될 수 있는지 묻자 막내 조셉이
조금의 주저함도 없이 대답했다. 아이들은 아빠에게 가장
중요한 것을 요구할 수 있는 권리가 있다. 바로 그들이 자녀
이기 때문이다. 아, 할 일이 많은 아빠가 어떻게 자녀들에게

가장 중요한 시간을 줄 수 있담? 아이들의 생각을 이해하기 위해서는 남편의 사고에 큰 변화가 필요했다.

"아비들아 너희 자녀를 노엽게 하지 말고 오직 주의 교훈과 훈계로 양육하라"(엡 6:4).

엄마의 열심만으로 자녀들을 온전히 키울 수 없다. 그들에게 아버지를 주신 하나님은 아버지를 통하여 자녀들을 주의 교훈과 훈계로 양육하기 원하신다. 나도 이제 아이들을 위하여 '슈퍼싱글맘'의 이름표를 떼어 버리기로 했다.

자녀들의 마음을 아버지에게로:

4년쯤 전에, 교회의 초등부 예배에서 말씀을 전하는 일을 섬기게 되었다. 경험도 없거니와 내 아이들 외에는 어린이들에 대해 잘 알지도 못하지만 나는 매주 꼬마 녀석들과 나눌 하나님의 말씀을 준비하느라 정성을 기울였다. 20분가량의 설교 말씀을 위해 나는 일주일 내내 성경을 묵상하고 기도하는 마음으로 준비했다. 다른 어떤 것을 할 때보다 더 두근거리는 마음으로 말씀을 전하면, 두 눈을 초롱초롱하게 빛내며 듣는 막내 조섭으로 인해 큰 힘을 얻곤 했다.

짧은 섬김의 시간을 통해 무엇보다 어린아이들의 영성에 감동되었다. 하나님의 말씀을 어른인 나보다 훨씬 있는 그대로 받아들이는 그들의 모습이 놀라웠다. 조그만 녀석들이 기도하는 모습을 보고 있노라면 그들의 순전한 믿음이 얼마나 대단한지를 느끼곤 했다. 어른들처럼 말로 표현하는 것이 서툴지만 하나님은 그들의 기도를 다 알고 계시고 다 듣고 계신다.

아이들과 지내는 시간이 내게는 축복이었고 배움의 시간이었다. 일주일 동안 이 아이 저 아이를 위해 기도하는가 하면, 그들과 함께할 수 있는 이런저런 꿈을 그려 보기도 했다. 그러나 내 마음대로 할 수는 없었다. 어린아이들이기에 부모들의 이해와 동의가 필요했기 때문이다.

'아, 부모들을 어떻게 이해시키나?'

그런 마음으로 기도하다 보면 마치 내가 아이들을 그들의 부모보다 더 많이 사랑하고 더 많이 알고 있다는 생각이 들기도 했다. 안타까움이 가득한 내게 어느 날 하나님의 마음이 강하게 느껴졌다.

"아이들을 부모로부터 훔치지 말라."

흠칫 놀랐다.

"훔치다니요?"

어리둥절해하는 내게 하나님은 차근히 설명해 주셨다.

하나님은 자녀들을 그들의 부모에게 맡기셨다. 하나님은
부모들을 신뢰하신다. 왜냐하면 자녀에게 필요한 것들, 즉
사랑과 인내와 지혜들을 부모에게 부어 주셨기 때문이다.
내가 아무리 아이들을 사랑한다고 해도 그들의 부모가 자신
의 자녀를 사랑하는 마음과는 비교할 수가 없다. 나는 그저
잠시 사랑할 뿐이다. 부모와 자녀의 관계는 처음부터 사랑
의 관계이고 인생이 끝날 때까지 지속되는 관계다.

좋은 교육과 프로그램의 목적은 어린이들의 마음을 그들
의 부모에게로 돌리게 하는 것이다. 자녀들이 선생님들이
나 지도자들보다 부모를 존경하고 순종할 수 있도록 도와주
고, 부모를 통하여 하나님 아버지께 순종하는 자녀가 되는
것을 도와주는 것이 교육의 목적이어야 한다.


"이스라엘 모든 고관은 각기 권세대로 피를 흘리려고
네 가운데에 있었도다 그들이 네 가운데에서 부모를
업신여겼으며 네 가운데에서 나그네를 학대하였으며

네 가운데에서 고아와 과부를 해하였도다"(겔 22:6-7).

예루살렘 성읍이 저지른 죄를 말씀하시며 하나님은 백성이 자신의 부모를 업신여긴 것이 하나님 앞에 얼마나 가증한 죄인지를 말씀하시고 있다.

"네 부모를 공경하라 그리하면 네 하나님 여호와가 네게 준 땅에서 네 생명이 길리라"(출 20:12).

그리고 가정에서 부모를 공경하는 것이 얼마나 하나님을 기쁘게 하는지, 이 계명을 순종하는 자에게 복을 주시겠다고 약속하셨다.

예수님이 하나님의 아들로 이 땅에 오셔서 하신 모든 일의 목적은 아버지를 영화롭게 하기 위해서였다. 그의 마음은 늘 아버지를 향해 열려 있었고 아버지의 뜻대로 순종하였고 아버지와 교제하는 것을 그 무엇보다 즐거워했다. 그랬기에 예수님은 이 땅에서 자신의 사명을 온전히 완성할 수 있었다.

아버지가 없을 때 자녀는 졸지에 고아가 되어 버린다. 그런데 아버지가 살아 있음에도 불구하고 마치 고아처럼 살아가는 사람들이 있다. 아버지의 마음이 자녀에게로 향하지 않을 때 자녀는 아버지의 부재를 느끼며 고아와 같은 마음의 상태를 경험한다. 때로는 자녀가 아버지의 존재를 인정하지 않거나 그의 권위를 거부함으로 말미암아 고아 같은 삶을 살게 되기도 한다. 아버지와 자녀가 서로를 향하여 어떤 마음을 가지고 있느냐가 하나님이 보시기에 얼마나 중요한지 말씀하셨다.

> "보라 여호와의 크고 두려운 날이 이르기 전에 내가 선지자 엘리야를 너희에게 보내리니 그가 아버지의 마음을 자녀에게로 돌이키게 하고 자녀들의 마음을 그들의 아버지에게로 돌이키게 하리라 돌이키지 아니하면 두렵건대 내가 와서 저주로 그 땅을 칠까 하노라 하시니라"(말 4:5-6).

두려운 날이 이르기 전에 그 무엇보다 중요한 것은 아버지와 자녀의 마음이 회복되는 것이다. 이 땅에 임할 수도 있는 저주에 대해 경고하시는 하나님의 마음에는 아버지와 자녀의 마음이 서로 돌이키기를 원하는 간절함이 배어 있다.

아버지와 아들의 기쁨:

"예수께서 세례를 받으시고 곧 물에서 올라오실새 하늘이 열리고 하나님의 성령이 비둘기같이 내려 자기 위에 임하심을 보시더니 하늘로부터 소리가 있어 말씀하시되 이는 내 사랑하는 아들이요 내 기뻐하는 자라 하시니라"(마 3:16-17).

하나님 나라의 새로운 역사는 메시아가 이 땅에 오심과 함께 시작되었다. 메시아가 세상 나라에 공적으로 드러나는 그 순간 하나님은 메시아로 이 땅에 오신 예수님이 자신의 "사랑하는 아들"이라고 하늘 문을 열고 직접 소개하셨다. 하나님 아버지와 그의 사랑하는 아들이 함께 킹덤의 역사를 새롭게 시작하시는 것이다.

사랑하는 아들의 존재 자체가 하나님 아버지의 기쁨이었다. 하나님은 이 땅의 아버지들에게 자녀를 통하여 누리는 기쁨을 다시 찾아 주고 싶으신가 보다.

## 나그네 길에서 다시 찾은 축복

2011년 여름 우리 가족은 미국의 집을 잠시 떠나 글로벌 기도 여행길에 올랐다. 하나님이 사랑하시는 세상을 자녀들에게 보여 주고 함께 기도하기 위해서였다. 처음 세 달은 한국에서 지내고 또 한두 달은 이스라엘에서 지냈다. 하나님의 역사의 흔적, 예수님이 땅에 계시면서 행하신 일들의 흔적들을 보며 알파와 오메가의 하나님을 생생하게 느끼는 시간이었다.

이스라엘을 떠나 미국으로 돌아가는 길에 다시 2주가량을 한국에서 머물렀다. 머물고 있는 동안 남편이 충청남도의 한 조그마한 교회에서 3일 동안 집회를 인도하게 되었다. 그 집회에는 중·고등학생들도 참석했는데, 그 학생들과 함께 예배하고 기도하던 중 남편은 그들을 통해 하실 하나님의 놀라운 계획이 있음을 느끼게 되었다.

"한국의 십대들을 통하여 열방을 축복하리라."

집회를 마치고 돌아온 남편은 온 가족이 그곳에 들러보자고 제안했다. 그 다음 주에 우리 가족은 그 교회에 가서 함께 예배를 드리고 이야기를 나누었다. 그러고 우리는 한국에 머물며 하나님이 하시는 일을 보기로 결정했다.

지금까지 2년 반 남짓한 시간을 지내고 있지만 이곳 한국에서 얼마나 더 오랜 시간을 있게 될지 우리도 예상하기가 쉽지 않다.

처음 미국을 떠날 때는 다섯 명의 식구가 각기 여행가방 하나씩만 가지고 떠났는데, 그리 길지 않은 시간이 흐르는 동안 짐이 점점 불어나고 있다. '나그네처럼' 살아야 한다고 남편이 수도 없이 알려 주지만 나그네처럼 살기가 참 쉽지 않다.

"나그네 생활이 어떠신가요? 힘들지 않으세요?"

그러나 사람들의 우려처럼 나그네 생활은 그렇게 힘들지 않다. 아니 도리어 내게는 지금까지 살아온 시간 중 어쩌면 가장 신나고 감사한 시간인 것 같다. 수십 년을 한숨 돌릴 여유조차 없이 빡빡하게 살던 일상에서 벗어난 기분은, 나그네 삶이 주는 불편함과는 비교가 안 될 정도로 나를 기쁘게 한다. 그동안 생각하지 못한 것들을 생각할 수 있고, 하지 못하던 일들을 시도해 볼 수 있어서 좋다.

그런데 더 감사한 이유는, 나그네로 잠시 살다 보니 인생에서 정말 중요한 것이 무엇인지를 알게 된 것이다. 그 어떤 것보다도 사람이 중요함을 뼈저리게 느낀다. 그리고 특히 나에게 맡겨 주신 가족이 얼마나 소중한지 깨닫게 되었다.

가족은 재물이나 지위나 명예 그 어떤 것과도 비교할 수 없이 소중한 것이다. 가족은 평생을 함께하라고 하나님이 맡겨 주신 관계이고 나중에 서로가 서로를 어떻게 대하였는지 하나님께서 책임을 물으실 관계다. 다투더라도 함께 다툴 수 있는 남편이 있다는 것이 감사했다. 혹 엄마 말을 안 들어 속상하게 해도 세 아이들이 옆에 있다는 것이 얼마나 뿌듯한지 모른다. 가족이 함께 있으면 우리는 작은 일에도 행복하고 어떤 상황에서도 감사할 수 있게 되었다. 나그네의 삶에서 발견한 소중한 선물이었다.

그런데 우리 다섯 식구 중 남편에게서 이전과 다른 모습이 느껴졌다. 가끔 잠을 못 이루기도 하고 때로는 무언가 생각하느라 심각한 표정을 짓기도 했다. 난생처음 보는 그의 모습이 나를 의아하게 만들었다.

남편이 왜 달라졌지? 한 가정의 가장으로서의 책임감 때문이라는 것을 한참 후에야 알게 되었다. 온 가족이 나그네 삶을 살게 되자 비로소 가장의 책임을 그 어느 때보다 절감하고 있었던 것이다.

남편에게 생긴 변화는 그뿐이 아니었다. 글로벌 기도 여행을 떠날 즈음 그는 그동안 하고 있던 일들, 심지어 직장뿐만 아니라 미국에서 하고 있던 사역도 잠시 접었다. 그는 여러 가지 일을 했기 때문에 다양한 명함을 가지고 다녔다. 그런데 미국을 떠나고, 일하던 직장을 떠나고, 하고 있던 사역을 떠난 뒤 남편은 과거에 사용하던 명함을 더 이상 사용할 수 없게 되었다. 이제 자신을 뭐라 소개해야 할지 그는 난감해했다.

모든 타이틀이 다 없어지고 나자 남편은 비로소 하나님이 원래 그에게 주신 타이틀이 얼마나 소중한 것인지를 깨닫게 되었다.

'한 아내의 남편, 세 아이의 아버지, 두 부모의 아들.'

그런데 이 타이틀은 완전히 하늘의 타이틀이다. 하나님, 예수님과 공용하는 킹덤의 타이틀이다. 그는 마치 이제 처음으로 남편이 되고 아버지가 되고 아들이 된 사람처럼 그 이름들을 두근거리는 마음으로 바라보는 것 같다. 하나님께서 주신 이 놀라운 특권에 대해 그동안 무관심해 왔던 자신의 모습을 돌아보며, 이제는 그 어떤 일보다도 남편이 되고 아버지가 되고 아들이 되는 그 비밀을 찾아야겠다고 결단했다.

"보물을 찾듯 찾아보리라."

킹덤의 타이틀이 새겨진 명함을 자랑스럽게 사용하게 될 남편의 모습을 상상해 본다.


## 킹덤 리더십

하나님의 킹덤이 이 땅에 임하기 시작하던 그때, 하나님의 독생자 예수가 메시아로 이 땅에 오시던 그때에 이 땅에는 치열한 영적 싸움이 있었다. 사탄의 머리를 상하게 할 여자의 후손이 이 땅에 등장하는 것을 사탄이 얼마나 싫어했을까? 그 후손을 잉태할 여자를 찾으려 얼마나 애를 썼을까? 역사에서 그 어느 때보다 긴장되는 순간이었을 것이다. 그런데 그때를 위해 하나님은 유대 마을에 살던 한 남자를 부르신다. 하나님을 대신하여 사탄의 원수인 여자와 그녀의 후손을 보호할 남자를 다윗 자손 중에서 찾아내셨다.

하나님은 여자와 그의 아들을 요셉의 손에 의탁하셨다. 그리고 어떻게 여자와 아들을 보호할 수 있는지 세밀하게 지시하셨고, 요셉은 하나님의 지시에 정확하게 순종했다. 온 인류를 구원하기 위한 '킹덤 작전'을 하나님과 요셉은 한

치의 오차도 없이 성공적으로 이끌었다. 하나님의 아들 예수는 이 땅에서 사시는 동안 자신이 '요셉의 아들'이라고 불리는 것을 부끄러워하지 않으셨다. 요셉은 한 남자로서 누릴 수 있는 영광 중의 영광을 누린 복된 사람이었다.

남편이 되고 아버지가 되는 것은 하나님이 남자에게 주신 그 무엇과도 바꿀 수 없는 축복이다. 하나님과 '아버지'라는 이름을 공용할 수 있는 축복이다. 예수님과 '신랑'이라는 이름을 공용할 수 있는 하늘의 축복이다.

하나님은 남자들이 이 이름들을 어떻게 사용하고 있는지 궁금해 하신다.

"미쁘다 이 말이여, 곧 사람이 감독의 직분을 얻으려 함은 선한 일을 사모하는 것이라 함이로다 그러므로 감독은 책망할 것이 없으며 한 아내의 남편이 되며 절제하며 신중하며 단정하며 나그네를 대접하며 가르치기를 잘하며 술을 즐기지 아니하며 구타하지 아니하며 오직 관용하며 다투지 아니하며 돈을 사랑하지 아니하며 자기 집을 잘 다스려 자녀들로 모든 공손함으로 복종하게 하는 자라야 할지며 (사람이 자기 집을

다스릴 줄 알지 못하면 어찌 하나님의 교회를 돌보리
요)"(딤전 3:1-5).

하나님은 남자에게 리더라는 타이틀을 주시기 전에 먼저
킹덤의 타이틀을 어떻게 사용하였는지 보기를 원하신다.
하나님의 교회를 맡아 섬기는 청지기들에게도 다음과 같은
기준을 적용하신다.

"집사들은 한 아내의 남편이 되어 자녀와 자기 집을
잘 다스리는 자일지니 집사의 직분을 잘한 자들은 아
름다운 지위와 그리스도 예수 안에 있는 믿음에 큰 담
력을 얻느니라"(딤전 3:12-13).

가정은 사회에서 가장 작은 단위의 공동체다. 그 가장 작
은 공동체인 가정 안에는 하나님 나라의 속성이 고스란히
들어 있는가 보다. 그래서 가정 안에서 가장이 살아가는 모
습을 보고서 그가 얼마나 하나님 나라를 잘 섬길 수 있는지
하나님은 단번에 알아보실 수 있는가 보다.
  이렇듯 가정 안에 하나님의 킹덤 리더십이 있다. 하나님

나라의 킹덤 리더십은 생명을 위임받은 리더십이며, 사랑으로 감당해야 하는 리더십이다. 여기에는 섬김이 절대적으로 요구된다. 그리고 평생을 헌신해야 하는 것이다.

에덴동산에서 하나님을 대신하여 온 땅을 정복하고 모든 생물을 다스리는 통치권을 위임받은 아담에게 하나님은 그가 한 여자의 남편이고 장차 태어날 자녀들의 아버지가 되는 역할을 부여하셨다.

한 가정의 남편이요 아버지의 역할은 하나님이 인류에게 허락하신 오리지널 리더십의 디자인이다. 그가 하나님의 뜻대로 남편으로서, 아버지로서 온전히 역할을 감당해 낼 때, 그가 하나님이 맡겨 주신 세상도 온전히 통치할 수 있을 거라는 하나님의 자신감을 느낄 수 있다.

그래서 사탄도 모든 힘을 기울여 세상의 어떤 타이틀보다도 아버지와 남편의 이름이 가치 없어 보이도록 하고, 그들이 하나님이 주신 자신의 사명과 역할을 무시하도록 만들고 있는 것 같다. 아버지와 남편, 무엇보다도 시급히 회복되어야 할 이름들이다.

2014년 3월, 미국의 집을 떠난 지 2년 반이 넘어 남편은 딸과 함께 미국에 방문할 기회가 생겼다. 미네소타 주에서 열리는 연합집회에서 말씀을 전하게 된 것이다. 정말 오랜만에 미국 땅을 밟게 되었다. 집회의 스케줄이 나오고 여행 준비를 하는데, 웬일인지 딸 지원이도 꼭 아빠와 함께 가야겠다고 처음부터 못을 박았다.

미국으로 떠날 날이 다가오자 남편은 난생 처음으로 걱정을 하기 시작했다. 총 3주간의 여행 동안 한국에 남아 있을 아내와 특히 두 아들이 많이 걱정된 모양이었다. 결혼생활 동안 처음 본 남편의 모습이었다. 떠나기 하루 이틀 전에는 두 아들을 앉혀 놓고 이것저것 당부하고 신경을 써 주었다.

그런 남편에게서 '아버지'의 모습이 보였다. 그가 걱정을 하든 안 하든 남편이 없는 3주 동안 두 아들과 나는 별 탈 없이 잘 지낼 것이다. 그럼에도 불구하고 그의 모습은 그의 마음이 어디를 향하고 있는지 보여 주기에, 나의 마음은 따뜻함으로 가득 찼다. 아버지의 마음이 자녀에게로 돌아온 모습이었기 때문이다.

미네소타 주에서 집회를 마친 남편은 딸과 함께 미국 중부에 있는 기도의 집에 들러 기도를 했다고 한다. 한국에 두고 온 두 아들을 생각하는데, 자신이 어떤 아버지여야 하는지 하나님이 말씀하시기 시작했다.

자녀에게 아버지가 되어 주는 것이 남자가 누리는 가장 큰 특권이자 기쁨 중의 하나다. 아버지로서 그동안 빼앗겼던 기쁨을 되찾아 주고 잃어버린 특권을 되돌려 주려 하신다.

아이들에게 아버지가 됨으로 말미암아 남편 안에 있는 어른-고아의 모습이 벗겨질 것이다. 성장하는 동안 아버지의 돌봄과 사랑을 제대로 받지 못하여 남아 있는 고아 같은 모습이 자녀들에게 아버지가 되어 주고 그 역할을 감당할 때 자연스레 회복될 것이라고 말씀하셨다.

하나님께서 주신 가장 훌륭한 교육 시스템은 '아버지'다. 좋은 학교, 훌륭한 프로그램을 찾아 아이들을 보내는 것보다 더 중요한 것이 아버지의 교양과 훈계를 받게 하는 것이다.

남편은 자신에게 아버지라는 위대한 이름을 주신 하나님의 계획에 놀라움을 금치 못했다. 이제 하나님이 생각하시는 좋은 아빠가 되어야겠다고 굳게 다짐하게 되었다.

**04**

# 선악과가 없어진 하나님의 킹덤

## 킹덤의 상속자들

"그러므로 너희가 그리스도와 함께 다시 살리심을 받
았으면 위의 것을 찾으라 거기는 그리스도께서 하나
님 우편에 앉아 계시느니라"(골 3:1).

주님은 우리에게 자신이 십자가의 죽음으로 회복한 킹덤, 그가 만왕의 왕으로 다스릴 그 킹덤을 마음에 품으라고 권면하신다. 에덴동산에서 무너진 하나님의 킹덤이 다시 회복되고 아름답게 완성될 것을 우리도 또한 고대한다.

하나님의 킹덤을 다시 회복하여 아름답게 완성시키기 위해 하나님은 사람의 회복을 계획하셨다. 독생자 예수 그리스도를 이 세상에 보내셔서 선악과를 먹음으로 말미암아 죄로 타락한 아담의 형상을 회복하여 첫 열매로 삼으신 하나님은, 이제 그를 믿는 모든 자들의 모습도 예수 그리스도의 모습처럼 회복될 것이라고 약속하신다.

"옛 사람과 그 행위를 벗어 버리고 새 사람을 입었으니 이는 자기를 창조하신 이의 형상을 따라 지식에까지 새롭게 하심을 입은 자니라"(골 3:9-10).

하나님의 킹덤을 상속받은 새 사람의 모습은 분명히 옛 사람과 다르다. 그런데 그들의 달라진 모습이 '지식'에까지 영향을 미쳐야 비로소 '새 사람'이라고 하셨다. 왜 지식이 새로워져야 할까?

에덴동산 가운데에는 생명나무(The Tree of Life)도 있었고 선악 지식의 나무(The Tree of Knowledge of Good and Evil)도 있었다. 그런데 유독 하나님은 선악 지식의 나무에서 나는 열매를 먹어서는 안 된다고 명령하셨다. 하나님의 명령을 어기고 선악 지식의 나무에서 나오는 열매를 먹은 사람들은 이전과는 다른 모습을 보이고 있다.

수치심:

이전에도 늘 벗고 다녔는데, 이제 그들은 벗은 모습이 갑자기 부끄러워졌다. 그래서 그 벌거벗은 모습을 가리기 위해 애를 쓴다. 곧 말라 버릴 무화과나무 잎이지만 그것으로라도 부끄러운 모습을 가렸다.

숨어 버리다:

늘 하나님과 동행하고 교제하기를 기뻐하던 사람들이 하나님이 부르실 때 숨어 버렸다. 부끄러운 자신의 모습을 주체할 수가 없었나 보다.

'이 모습으로 하나님 앞에 나갈 수가 없어!'

그들은 왜 갑자기 이전에 한 적이 없는 행동을 하는 걸까? 그들의 행동이 이전과 달라진 이유는 선악 지식의 나무 열매를 먹음으로 말미암아 그들의 지식이 달라졌기 때문이다. 타락한 지식은 타락한 행동을 유발한다. 음란과 부정과 사욕과 악한 정욕과 탐심(골 3:5) 등을 버리기 위해서는 먼저 그런 행동을 하도록 부추기는 지식을 새롭게 해야 한다.


### 선악의 지식

현재 우리는 아는 것이 점점 더 많아지는 시대에 살고 있다(단 12:4). 엄청난 양의 지식과 정보를 우리 손바닥 안에서 접할 수 있다. 사람들은 시간과 노력을 들여 쉴 새 없이 무언가를 배운다. 그런데 하나님은 그 많은 지식들을 하나님의 형상을 따라 새롭게 하라고 권면하신다(골 3:10). 지식에도 각기 형상이 있나 보다. 사람을 타락시켰던 선악의 지식은 도대체 어떤 형상을 가지고 있을까? 사람의 생각 속에 선악의 지식을 넣기 위해 여자를 유혹한 사탄(뱀)의 형상을 가지고 있지 않을까?

"너 아침의 아들 계명성이여 어찌 그리 하늘에서 떨어

졌으며 너 열국을 엎은 자여 어찌 그리 땅에 찍혔는고 네가 네 마음에 이르기를 내가 하늘에 올라 하나님의 뭇 별 위에 내 자리를 높이리라 내가 북극 집회의 산 위에 앉으리라 가장 높은 구름에 올라가 지극히 높은 이와 같아지리라 하는도다"(사 14:12-14).

사탄은 하나님이 지어 주신 자신의 모습과 역할에 만족하지 못했나 보다.

'나는 올라갈 거야! 더 높이, 훨씬 더 높이 올라가야 해!'

그는 끝없는 욕망 때문에 그가 바라서는 안 되는 자리까지 넘보게 되었고, 결국 하늘에서 떨어져 땅으로 쫓겨나게 되었다. 땅으로 쫓겨난 그는 하나님의 형상으로 지음 받은 사람들에게 자신의 형상을 심어 놓으려 한다. 더 높이! 끝까지 높이! 사탄의 성품은 사람들이 자신의 모습에 만족하지 못하게 하고 자신을 다른 사람들과 비교하며 더 나아야 한다고 생각하게 한다.

나는 꼬마 때부터 유난히 경쟁하는 것을 좋아했다. 그리고 꼭 이겨야 직성이 풀렸다. 나에게 있어 공부는 또 하나의 경쟁을 잘 치러 내기 위한 도구였다. 고3 수능시험 날 아침,

지난 10여 년의 공부가 이날의 경쟁을 위해서라는 것을 생각하며 나의 마음은 기대와 설렘으로 가득했다. '경쟁'이 없는 세상은 나에겐 무미건조하고 재미없었다. 이런 성향은 결혼 후에도 계속되었다. 남편과 대화를 나누던 중 의견이 갈리게 되자 남편이 갑자기 내게 탄식하듯 부르짖었다.

"허니, 제발 나랑 경쟁하려고 하지 마!"

처음에 나는 남편이 엉뚱한 말로 논쟁을 피하려 한다고 생각했다. 그러나 곰곰이 생각해 보니 그의 말이 맞았다. 다른 누군가와 늘 비교하던 버릇이 들어 남편과도 비교하고 있었던 것이다. 남편이 나보다 잘되는 것이 그리 기쁘지 않았나 보다. 남편에게 지고 있다는 느낌을 참을 수 없었다. 나의 그런 모습은 분명 하나님이 주신 형상은 아닐 것이다.


### 견고한 진을 사로잡아


"우리의 싸우는 무기는 육신에 속한 것이 아니요 오직 어떤 견고한 진도 무너뜨리는 하나님의 능력이라 모든 이론을 무너뜨리며 하나님 아는 것을 대적하여 높아진 것을 다 무너뜨리고 모든 생각을 사로잡아 그리스도에게 복종하게 하니 너희의 복종이 온전하게 될 때에 모든 복종하지 않는 것을 벌하려고 준비하는 중에 있노라"(고후 10:4-6).

킹덤을 되찾기 위해 영적인 전쟁을 치를 때 반드시 무너뜨려야 할 견고한 진이 있는데, 그것은 다름 아닌 하나님을 아는 것을 대적하여 높아진 모든 이론과 주장들이다. 하나님께 감히 도전했다가 땅으로 쫓겨난 사탄은 이제 모든 이론과 주장을 이용하여 하나님을 대적하고 있다.

이 견고한 진은 도대체 어디에 있는가? 도서관? 학술회장? 아니다. 바로 나의 머릿속에 있다! 왜냐하면 오랜 세월 동안 내가 그것들을 배우고 외우고 익혔기 때문이다. 경쟁하듯이 쌓아 놓은 온갖 이론과 학설과 주장들로 말미암은 머릿속 생각들, 이 견고한 진을 사로잡아 그리스도께 복종시키라고 명령하고 있다.

나는 늘 무언가 생각하고 분석하고 계획하는 것을 좋아했던 것 같다. '생각한다. 고로 나는 존재한다.' 이것이 내가 살아 있는 증거라고 믿었다. 때로는 이런저런 생각에 골몰

하다 보면 어느덧 창밖이 훤해지는 때도 있었다. 하루는 그런 나의 모습에 대하여 하나님이 말씀하셨다.

"네 머리의 생각을 끄는 것이 무척 힘든가 보구나."

'좀 더 나은 사람이 되어야 해! 실수하면 안 돼! 한 번 사는 인생 실패하지 말고 잘 살아야지!' 내 머릿속에 든 생각들을 끄라고 하셨다. 그럴듯한 이유로 멋있게 포장하고 있지만 그 생각들의 깊은 동기가 하나님의 생명의 지식이 아니라 선악의 지식에서 말미암았다는 것을 하나님이 알아보신 것이다.

나는 괜찮은 사람이라는 것을 드러내고 싶은 마음, 완벽해 보이고 싶은 마음, 능력 있는 사람이라는 것을 증명하고 싶은 마음… 이런 것이 내 머릿속에서 꺼야 할 생각이었다. 생각을 많이 하면 할수록 내 심령에 평강이 사라지고 초조와 분주함이 들어차고 다른 사람을 정죄하게 되었다.

"도둑이 오는 것은 도둑질하고 죽이고 멸망시키려는 것뿐이요 내가 온 것은 양으로 생명을 얻게 하고 더 풍성히 얻게 하려는 것이라"(요 10:10).

선악의 지식으로 말미암는 생각들이 나를 지배했을 때 나는 정말 귀한 것들을 빼앗기고 있었다. 소중한 관계들이 파괴되고 있었다. 생명이 메말라 가고 있었다. 이제 하나님은 그 생각들을 끄고, 풍성한 생명을 받으라 하셨다.

## 여자가 치르는 영적 싸움

2007년이 저물어 가는 겨울에 단기선교를 가게 되었다. 20여 명의 젊은이들과 함께 팔레스타인 부근으로 갔는데, 나는 이슬람 지역을 처음 가 보는지라 신기하기도 하고 조금은 두렵기도 했다. 하루는 남쪽 지방에 들렀더니 동네 한가운데에 모스크가 있었다. 동네마다 서 있는 저 모스크 안에는 도대체 뭐가 있을까? 우리 일행은 궁금해서 안으로 들어가 보기로 했다. 모스크 안으로 들어가는 우리를 동네 꼬마들이 쳐다보았다.

계단을 따라 이층으로 올라가니 발코니에서 아래층을 내려다보게 되어 있었다. 아래층을 내려다본 나는 소스라치게 놀라고 말았다. 1층에는 무슬림 남자들이 모여 절을 하고 있었다. 하루에 다섯 번씩 한다는 무슬림들의 기도 시간인 모양이었다.

그런데 기도가 끝나자 모스크 안으로 들어올 때 우리를
쳐다보던 꼬마들이 어른들에게 뭔가를 속삭이니까 그들이
일제히 이층에 있는 우리를 쳐다보는 게 아닌가. 그러더니
곧장 이층으로 올라왔다. 우리는 갑자기 무서워져 할 말을
잃고 서로를 쳐다보았다.

'아, 하나님! 이제 우리는 어떻게 해야 하죠?'

이런 것이 영적 전쟁인가? 그 짧은 순간에 엄청나게 기
도했다. 혹여 사방으로 욱여쌈을 당해도 그리스도인으로서
끝까지 품위를 잃지 않으리라 거듭거듭 다짐했다. 하지만
마음의 평안을 유지하기가 이렇게 힘든 것인지 그때 피부로
느꼈다.

올라온 사람들 중에 영어를 하는 사람이 있어서 다행히
의사소통이 가능했다. 나는 그들과 대화를 나누는 내내 '우
리를 통해 그리스도의 향기가 풍겨 나게 해 주세요!'라고
간절하게 기도했다. 그들과 짧은 대화를 끝내자 그들은 자
기네 마을에 찾아온 손님들을 위해 차를 대접하겠다고 하는
둥 너무나 친절하게 대했다. "후유~!" 모스크 안에서 일어
난 그 일은 내가 경험한 몇 안 되는 영적 전쟁 중 하나였다.

그 후에도 몇 번 모스크 안에서 경험한 것과 유사한 일들을 겪었다. 그러나 내게는 이것과 비교할 수 없는 정말 힘든 영적 싸움이 있었다.

"아내들이여 자기 남편에게 복종하기를 주께 하듯 하라
남편들아 아내 사랑하기를 그리스도께서 교회를 사랑
하시고 그 교회를 위하여 자신을 주심같이 하라
자녀들아 주 안에서 너희 부모에게 순종하라
아비들아 너희 자녀를 노엽게 하지 말고 오직 주의 교
훈과 훈계로 양육하라
종들아 두려워하고 떨며 성실한 마음으로 육체의 상
전에게 순종하기를 그리스도께 하듯 하라
상전들아 너희도 그들에게 이와 같이 하고 위협을 그
치라"(엡 5:22-6:9).

가정에서 서로를 어떻게 대하고 있는가. 이것이 영적인 싸움이라고 하신다. 아내가 남편을, 남편이 아내를 주님이 명령하신 대로 대하기 위해서는 그 무엇보다도 먼저 머리의 생각들, 즉 견고한 진을 무너뜨리지 않으면 안 된다. 이 영적 싸움을 잘 치르기 위해서는 전신갑주를 단단히 입어야 승리할 수 있다.

"아내들이여 자기 남편에게 복종하기를 주께 하듯 하라 … 범사에(무조건) 자기 남편에게 복종할지니라"(엡 5:22-24).

이 한 가지 명령에 순종하기 위해서 나의 내면에서는 팔레스타인 마을의 모스크에서 경험한 것과는 비교할 수 없는 영적 싸움이 치러져야 했다.

"왜 남편에게 복종해야 하나요? 요즘은 여자들이 훨씬 똑똑하고 능력도 더 많아요."

하나님의 명령에 순종하지 않아도 되는 수많은 합리적인 이유들을 머릿속에서 끄고, 그 생각들을 사로잡아 예수님의 말씀에 복종시키기까지는 그야말로 치열한 전쟁을 치러야 했다.

"아내들이여!"

하나님은 영적 전쟁의 최전방으로 아내들을 가장 먼저 부르신다. 왜 하필 연약한 아내들을 먼저 부르셨을까? 아담의 아내를 '사탄의 원수'라고 부르신 이가 하나님이시다. 연약한 아내들에게 사탄을 이길 수 있는 권세가 있음을 하나님은 알고 계신다. 아내의 순종을 시작으로 사탄의 킹덤이 무너지고 하나님의 킹덤이 차례차례 완성되어 간다.

가장 기초이자 시작은 아내와 남편의 관계다. 아내와 남편이 하나님의 질서 가운데 서로 복종하고 사랑하며 한 몸을 이루게 되면 이제 하나님의 킹덤은 자녀와 아버지들에게로, 즉 한 세대를 거쳐 다음 세대로 확장되어 간다. 하나님의 킹덤이 대대로 가정을 통하여 전수되어 가는 것이다. 그리고 그 킹덤은 마지막으로 종들과 상전들의 관계를 통하여 사회로 확장된다. 한 아내와 한 남편에서 시작된 하나님의 나라가 온 사회로 확장되는 것이다.

아내와 남편의 하나됨, 그것은 지극히 작은 부분인 것 같으나 거대한 하나님의 나라를 이루는 매우 중요한 기초이자 능력이다. 그래서 사도 바울이 아내와 남편이 한 몸을 이루는 것이 '큰 비밀'이라고 감탄한 것일까?

## 다시 회복된 하나님의 킹덤

"이새의 줄기에서 한 싹이 나며 그 뿌리에서 한 가지가 나서 결실할 것이요 그의 위에 여호와의 영 곧 지혜와 총명의 영이요 모략과 재능의 영이요 지식과 여호와를 경외하는 영이 강림하시리니 그가 여호와를 경외함으로 즐거움을 삼을 것이며 그의 눈에 보이는 대로 심판하지 아니하며 그의 귀에 들리는 대로 판단하지 아니하며 공의로 가난한 자를 심판하며 정직으로 세상의 겸손한 자를 판단할 것이며 그의 입의 막대기로 세상을 치며 그의 입술의 기운으로 악인을 죽일 것이며 공의로 그의 허리띠를 삼으며 성실로 그의 몸의 띠를 삼으리라 그때에 이리가 어린 양과 함께 살며 표범이 어린 염소와 함께 누우며 송아지와 어린 사자와 살진 짐승이 함께 있어 어린아이에게 끌리며 암소와 곰이 함께 먹으며 그것들의 새끼가 함께 엎드리며 사자가 소처럼 풀을 먹을 것이며 젖 먹는 아이가 독사의 구멍에서 장난하며 젖 뗀 어린아이가 독사의 굴에 손을 넣을 것이라 내 거룩한 산 모든 곳에서 해됨도 없고 상함도 없을 것이니 이는 물이 바다를 덮음같이 여호와를 아는 지식이 세상에 충만할 것임이니라"(사 11:1-9).

다시 회복된 하나님의 킹덤이 매우 경이롭다. 공의의 하나님, 사랑의 하나님의 모습이 고스란히 스며든 곳임을 한눈에 알 수 있다. 어느 누구도 불의와 부정의로 고통받거나 탄식하는 사람이 없다. 하나님이 복 주시고 거룩하게 하신 참 안식 가운데 모든 피조물들이 샬롬을 누리고 있다. 모든 피조물들이 조화를 이루며 공존하고 화합하고 있다. 서로 해치거나 위협함이 전혀 없이 서로의 존재를 기뻐하고 있다.

아, 하나님의 킹덤이 이런 곳이구나! 그런데 이런 모습을 어디선가 본 적이 있다. 바로 에덴동산이다. 창조주 하나님이 직접 디자인하셔서 사람에게 모든 생물을 다스리라고 주신 곳, 에덴동산이 바로 이런 모습이었을 것이다. 우리가 바라는 모든 좋은 것들이 풍성하게 흘러넘쳤을 에덴동산의 모습을 다시 회복된 하나님의 킹덤에서 보게 된다.

그런데 다시 회복된 하나님의 킹덤이 에덴동산과 다른

점이 뚜렷하게 눈에 띈다. 에덴동산에는 없던 것이 있다. 바로 새 생명들이다. 에덴동산에는 하나님이 친히 손으로 만드신 사람들이 있었다면, 이곳에는 그 어른들이 낳은 새 생명들로 가득하다. 어린아이가, 젖 먹는 아이가, 그리고 젖 뗀 아이들이 마음껏 뛰놀고 있다. 이리와 사자를 포함한 큰 짐승들이 어린아이가 이끄는 대로 고분고분 따르고 있다. 젖 먹는 아이가 코브라 옆에서 장난하고, 젖 뗀 아이가 독사의 굴에 손을 넣어 놀고 있다. 이곳은 생명의 축제가 벌어지는 곳임에 분명하다. 어린아이의 (울음)소리가 그 어떤 교향악보다 아름답게 들린다. "생육하고 번성하여 땅에 충만하라"는 명령이 또한 축복임을 삶으로 살아가고 있는 모습이다.

에덴동산 가운데 있던 두 나무, 즉 생명나무와 선악 지식의 나무 중 이곳에서는 생명나무만 보인다(계 22:2). 선악 지식의 나무가 없어졌다! 이제 이곳에서는 선악의 지식이 아닌 하나님을 아는 지식, 생명의 지식만이 충만하게 흘러넘친다. 이곳에 온 사람들, 그들은 선악과의 유혹을 물리치고 이곳에 오기까지 얼마나 많은 선택을 했을까? 많은 사람들이 좇는 큰 문, 넓은 길을 마다하고 좁은 문, 좁은 길을 힘써

선택했기에 그들은 마침내 생명의 축제에 참여할 수 있게
되었다.

"좁은 문으로 들어가라 멸망으로 인도하는 문은 크
고 그 길이 넓어 그리로 들어가는 자가 많고 생명으로
인도하는 문은 좁고 길이 협착하여 찾는 자가 적음이
라"(마 7:13-14).

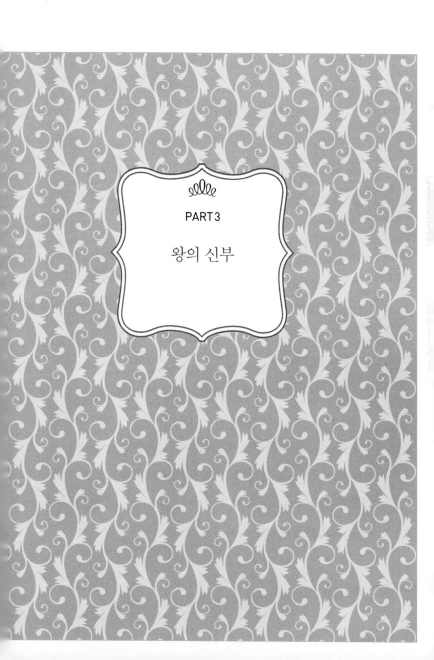

PART 3

왕의 신부

## 01

# 신랑과 하나됨을 이룬 신부

### 체스 판의 마지막 한 수

2013년 5월의 어느 날 아침이었다. 잠에서 깨어난 남편은 무언가를 생각하는 듯 샤워하는 것도 잊은 채 조용히 앉아 있었다. 모닝커피 한 잔을 가져다주며 무엇을 그리 골똘히 생각하느냐고 물으니 그는 체스를 두는 꿈을 꾸었다고 말했다.

체스 판 위에서 두 개의 손이 체스를 두고 있었다. 처음에는 천천히 한 수 그리고 또 한 수 번갈아 가며 체스를 두었다. 그렇게 서서히 움직이던 손은 점차 빨라지기 시작했다. 이쪽에서 한 수를 두면 저쪽에서 재빨리 받아 맞수를 두었다. 급기야는 손들이 엄청나게 빠른 속도로 말을 주고받는데 갑자기 꿈에서 깨어났다.

깨어난 그의 눈앞에는 방금 전 꿈속에서 본 체스 판의 마지막 모습이 보였다. 그 판은 점점 클로즈업되더니 그의 눈앞에 고정되었다. 한참을 쳐다보고 있는데 한 음성이 들렸다.

"그들이 이길 수 있는가?"

음성이 가리키는 우리 편을 바라보았다.

"당연히 못 이기죠."

왜냐하면 우리 편에는 오직 킹(king)과 폰(pawn, 장기의 졸에 해당하는 말) 세 개만이 남아 있었고 상대편은 킹을 비롯하여 룩(rook), 비숍(bishop) 등 많은 말들이 아직 살아 있었기 때문이다. 그런데 그 음성은 또 질문했다.

"이길 수 있는가?"

"못 이기죠. 혹 체스 판의 규칙이 바뀌면 몰라도….."

그 음성은 세 번째 또 질문한다.

"이길 수 있는가?"

무슨 이길 방법이 있기라도 한 것일까? 체스 판을 다시 자세히 쳐다보는데 아까 그 음성은 체스 판 위 말들의 위치를 잘 보라고 이야기해 주었다. 말들의 위치를 살펴보았다. 살아남은 우리 편의 폰 셋이 제일 마지막 선에 일렬로 정렬해 있었다. 폰의 전략은 한 발 한 발 앞으로 전진하는 것이 전부다. 그들은 마음대로 도망가지도 못하고 마음껏 공격하지도 못한다. 자기 차례가 오면 그저 앞으로 한 발 한 발 전진할 뿐이다. 그러다가 전후좌우에서 공격하는 자기보다 센 말들에 의해 잡아먹히고 만다. 그런데 그 와중에 세 개의 폰들이 살아남아 마지막 선까지 도달해 있는 것이다.

와우! 그 세 폰들의 위치를 바라보고 있는데 갑자기 탄성이 터져 나왔다. 다음 차례가 되면 폰은 영락없이 또 한 칸 앞으로 전진해야 한다. 그런데 그렇게 한 발 앞으로 가서 끝에 다다르면… 폰은 퀸이 될 수 있다! 단 한 발자국에 단번에 폰에서 퀸으로 등극하는 것이다. 한편, 퀸은 체스 판에서 그 누구보다도 많은 전략을 가지고 있다. 전후좌우 마음대로 움직일 수도, 대각선으로도 움직일 수 있다. 그런 퀸들이 우리 편에서 하나도 아니고 무려 셋이나 탄생하게 된다.

"승리할 수 있는가?"

"세 개의 퀸이라면 당연히 승리하고말고요!"

이제 한 수, 즉 한 발자국만 움직이면 모든 것이 달라진다. 지금까지의 모든 상황을 뒤엎는 새로운 역사가 시작되는 순간이 다가오고 있다. 그런데 정작 그들은 다음 한 발자국이 무엇을 의미하는지 알고 있을까? 그들은 지금껏 그래왔듯이 그저 다음 차례를 기다리고 있다. 얼마나 기다려야 자신들의 차례가 올지 알 길이 없다. 정처 없이 기다렸다가 차례가 오면 정확하게 한 발 앞으로 움직일 뿐이다.

그러나 모든 어려움들을 한발 한발 끝까지 이겨내고 살아남은 자들에게 그들이 상상해 보지도 못하던 놀라운 변신이 기다리고 있다. 폰에서 퀸으로 변한다. 전혀 다른 차원의 세상이 기다리고 있는 것이다.


**자아가 죽을 때 진짜 내가 살아난다**

2009년 여름에 나는 앤아버에서 함께 믿음의 교제를 하

는 자매와 이스라엘을 방문했다. 일주일 정도 머물며 우리
는 예루살렘을 돌아보는 기회를 가졌는데, 그 중 다윗이 거
처했다는 '다윗 성'에 가게 되었다. 다윗 성이라는 이름에
걸맞게 굉장히 큰 건물일 거라고 생각했는데 실제로는 조그
마했다. 그곳에서 기도하는 분들의 모임이 있어 우리 두 사
람은 함께 참여하기로 했다.

오래 전부터 이곳에는 예루살렘의 평안을 위해 기도하는
분들이 많았다. 미국, 홍콩, 중국, 유럽 등에서 온 분들이 이
미 둥그렇게 앉아 기도모임을 하고 있었다. 그들 뒤에 우리
두 사람은 조용히 앉았다. 수천 년 전 이곳에서 살았을 다윗
왕을 생각해 보았고, 그의 후손으로 오신 주님도 묵상해 보
고 있는데, 조용하게 마음에 전해지는 메시지가 있었다.

"부서질수록 아름답다. 죽을수록 권세가 있다."

아, 나는 안 부서지고, 안 죽고 싶은데…. 주님은 나를 향
하여 부서지고 죽는 것에 대해 말씀하고 계셨다.

하나님이 만드신 피조물 중에 아름다운 것을 꼽으라면
무엇이 있을까? 철을 따라 피는 아름다운 꽃은 어떨까? 온
세상을 아름답게 수놓은 꽃들이 없다면 이 세상이 얼마나
황량할까? 수평선에 걸친 붉은 저녁 노을은 어떤가? 창조

주 하나님이 아니고서는 도저히 흉내 낼 수 없는 그 고운 빛깔에 감탄하고 있노라면 마음 깊이 평강을 느낀다.

그런데 하나님이 창조하신 것들 중 무엇과도 비교할 수 없이 아름다운 창조물이 있다. 하나님은 태초에 세상을 만드시며 매번 흡족해 하셨다.

"하나님이 보시기에 좋았더라."

여섯째 날, 마지막으로 여자를 만드시며 창조 역사의 대단원을 마감하신 하나님은 그 어느 때보다도 만족해하셨다.

"하나님이 지으신 그 모든 것을 보시니 보시기에 심히 좋았더라"(창 1:31).

창조 세계에서 여자의 존재는 하나님을 매우 기쁘게 하였음이 분명하다. 뿐만 아니라 여자를 본 남자는 다른 어떤 피조물에게 하지 않던 탄성을 지르고 있다.

191

"아담이 이르되 이는 내 뼈 중의 뼈요 살 중의 살이
라"(창 2:23).

창조의 맨 마지막에 만들어진 여자는 하나님이 지으신
창조물 중 가장 아름다운 존재가 아니었을까 생각해 본다.

벌거벗었으나 부끄럽지 않을 뿐 아니라 도리어 있는 모
습 그대로가 가장 아름다운 것이 하나님이 창조하신 여자의
모습이다. 그런데 나도 모르게 끊임없이 나의 모습에 무언
가를 덧입혀 왔다. 지식이 더 많아야 되지 않을까? 능력도
있어야 돼! 지식으로 치장하고 도움이 된다고 여겨지는 능
력으로 또다시 치장했다. 높은 지위도 필요해! 그래서 공부
하고 열심히 살았다.

무언가로 끊임없이 치장하는 동안 하나님이 만드신 나의
원래 모습이 가려지고, 하나님이 주신 '여자'의 모습도 저
깊숙이 자취를 감추고 말았다. 그러나 나는 전혀 불편함을
몰랐다.

그런데 한 남자를 만나 결혼하면서, 치장된 나의 모습이
불편해지기 시작했다. 그리고 이 불편으로 인한 갈등은 그
동안 나를 멋있게 꾸미고 있던 것들을 하나하나 벗기기 시

작했다. 그때마다 지위도 능력도 없는 민낯의 나를 인정할
수 없었고, 이제 어떻게 살아야 할지 두렵기만 했다.

무장해제! 나의 존재 가치를 높여 주고 나를 보호해 줄
거라고 믿었던 것들이 결혼을 통해 하나하나 그 허상을 드
러내며 허물어지고 있었다. 허물어지는 아픔을 겪고 있는
동안 내가 저 깊숙이 감추어 둔 '여자'의 모습이 조금씩 드
러나기 시작했다. 하나님은 내가 여자로서 단장하기 원하
셨다. 신랑 앞에 서기 위해 내게 필요한 것은 단장이었지 치
장이 아니었다.

그렇다면 나는 이제 어떤 단장을 해야 하는 걸까? 왕후가
되기 위해 자신을 단장하던 에스더가 생각났다.


왕후를 뽑겠다는 왕의 조서가 내려지자 허다한 처녀들이
왕후가 될 꿈을 품고 수산 궁으로 몰려들었다. 아름다운 왕
후 와스디가 갑자기 폐위되면서 온 나라에 '남편이 자기의
집을 주관하게 하라'는 조서가 내려지고 난 후 얼마 뒤의 일
이다. 거기에 모인 처녀들은 일정한 기간 동안 자신을 정결
하게 하는 단장을 해야 한다. 그런 다음 드디어 왕 앞에 나
아가는데 왕은 그 많은 처녀 중에 자신의 마음에 흡족한 한

사람을 왕후로 선택하게 된다.

처녀들은 단장을 하는 기간 동안 후궁에 머물게 된다. 그들이 단장하는 모습은 사람들은 물론이고 왕조차 볼 수 없다. 왕의 명령을 받은 내시 헤개가 후궁에서 그녀들의 단장을 돕는다. 결혼식 전 신부 단장의 모습과 흡사하다.

많은 시간과 노력들, 복잡한 격식과 과정들, 엄청나게 쏟아 붓는 돈들…. 그런데 그 모든 것을 감내하는 이유는 그것이 바로 신부의 단장이기 때문이다. 비로소 신부로 불리게 되는 그 한순간을 위해 여자들은 그 어떤 수고도 아까워하지 않는다. 신부가 된다는 것이 그만큼 가치 있기 때문이다.

사랑하는 신부의 모습을 어서 보고 싶어서 신랑이 아무리 문 밖에서 기웃거려도 절대로 신부의 모습을 볼 수 없다. 모든 단장을 마치고 드디어 '신부 입장'이라는 소리가 들릴 때 비로소 그녀의 모습을 볼 수 있다. 그 닫힌 문 안에서 도대체 어떤 단장을 하는지는 신부와 그녀의 단장을 돕는 사람만이 아는 비밀이다.

열두 달 동안 하게 되는 단장에서 첫 여섯 달은 몰약 기름으로 그리고 나머지 여섯 달은 향품으로(에 2:12) 준비한다. 첫 여섯 달 동안 신부가 자신의 몸을 정결하게 한 몰약 기름은 예수님의 죽음을 위해 사용된 기름과 같다. 신랑 예수님처럼 신부도 죽어야 할 것이 있나 보다. 죄로부터의 죽음, 선악과를 먹은 결과로 들어온 죄악된 모습으로부터의 죽음이다. 그것을 일컬어 자아가 죽는다고 하지 않을까?

자아(自我), 즉 나의 모습! 자아가 죽어야 했을 때 얼마나 아픈지, 얼마나 고통스러운지 모른다. 마치 죽는 것 같고 내 존재가 사라지는 것 같다.

나의 모습 안에는 무엇이 들어 있을까? 하나님은 사람을 만드실 때 자신의 형상, 곧 하나님의 형상을 따라 만드셨다. 그래서 나의 모습에는 하나님의 형상이 담겨 있다. 하나님의 사랑, 긍휼, 창조적인 생각, 다른 피조물을 다스리고 돌보고 싶은 마음… 이 모두가 하나님의 형상이고 우리가 영원히 간직해야 할 모습이다.

그런데 나의 모습 안에 하나님의 형상만 있는 것이 아니다. 선악과를 먹음으로 말미암아 들어온 사탄을 닮은 형상도 있다. 잘난 체하고, 열등의식에 빠지고, 더 많이 가지려 욕심 내고, 질투하고…. 하나님이 창조하신 원래 모습에는 없던 것들이 어느 순간 내 안에서 나의 모습으로 자리 잡기 시작했다.

주님을 따르고자 원하는 내게 이 두 가지 모습이 공존하자 끊임없는 혼란과 갈등이 나의 내면을 파고들었고, 불안과 염려로 잠 못 이루는 밤들이 찾아왔다. 아름다운 신부와 전혀 어울리지 않는 모습이다. 몰약 기름의 단장을 통하여 선악과로 말미암은 이런 죄악된 모습이 죽어야 하는 것이다. 죽고 죽고 또 죽고… 왕의 신부가 되려는 여인은 내면의 죄악된 형상을 없애기 위해 몰약 기름으로 자신을 단장한다.

여섯 달간 몰약 기름으로 단장하고 나면 이제 향품으로 여섯 달을 단장해야 한다. 내 안에 숨겨진 하나님의 형상을 드러내어 향기를 날리게 해야 하는 것이다. 사탄의 영향으로 눌려 있던 나의 원래 형상, 바로 하나님의 형상이 드디어 빛을 발하기 시작한다. 하나님이 보시고 심히 좋았다고 하신 그 모습이 드러나기 시작한다. 아담이 보고 내 뼈 중의 뼈요 살 중의 살이라고 했던 여자의 그 아름다운 형상이 드러나며 향기를 날리기 시작한다. 죄악의 향기, 이기심의 향기, 교만의 향기가 아니다. 사랑의 향기, 긍휼의 향기, 용서와 용납의 향기다.

드디어 그날이 왔다. 단장을 모두 마치고 왕 앞에 선 에스더. 그녀의 운명이 이제 왕의 말 한마디에 달려 있다. 이 한

순간을 위해 열두 달을 기다렸다. 그날 왕 앞에 선 에스더의 모습은 지난 열두 달 동안 그녀가 어떻게 자신을 정결하게 단장했는지를 말해 준다. 왕은 에스더의 모습을 보고 그녀를 다른 어떤 처녀들보다 더 사랑했다. 열두 달의 수고가 결실을 맺은 것이다. 몰약 기름이 제대로 사용되어 그녀에게서 죄악의 흔적이 사라진 것이다. 향품으로 단장한 그 향기를 왕이 맡게 된 것이다.

결혼을 통하여 나의 인생에도 단장이 시작되었다는 것을 이제 깨닫는다. 수많은 것으로 치장했던 나의 모습을 하나하나 벗겨 내시고 하나님이 만드셨던 아름다운 원래의 모습이 드러나도록 단장을 해 주신다. 그것은 때로 나비가 되기 위해 애벌레가 겪어야 했던 고통과 흡사했다.

### 강력한 신부의 권세

"또 내가 네게 이르노니 너는 베드로라 내가 이 반석 위에 내 교회를 세우리니 음부의 권세가 이기지 못하리라"(마 16:18).

예수님이 말씀하신 그의 신부의 모습에는 놀라운 권세가 있음을 말씀을 통해서 볼 수 있다. 무시무시한 음부라도 감히 이기지 못하는 놀라운 권세를 신부에게 주셨다. 뿐만 아니라 하나님은 인류에게 내리는 첫 재판 자리에서 여자를 향하여 사탄의 원수가 될 것이라고 선포하셨다. 음부의 권세가 이기지 못하는 그리스도의 신부의 권세, 그리고 사탄의 원수로 살아가는 여자. 그들을 향한 하나님의 계획과 예수님의 기대가 얼마나 대단한지 짐작해 볼 수 있다.

그런데 정작 나는 결혼하여 신부라는 여자로 사는 동안, 나의 무능력을 가장 많이 경험하게 되었다. 음부를 이기는 권세? 사탄의 원수? 감히 상상해 보지도 못했다. 도리어 한 남자의 아내이고 아이들의 엄마인 것이 전부인 나의 모습이 그지없이 초라해 보였다. 아줌마밖에 안 된다는 열등의식에 빠졌다.

'너는 아무것도 할 수 없어. 아줌마가 무슨 능력이 있다고….'

'주어진 환경을 탓하며 그저 주저앉아 있어. 너는 피해자거든.'

나 자신에게 말했던 그 많은 속삭임은 진리가 아니었다.

나는 나중에야 그것을 알아차렸다. 하나님의 말씀과 예수님의 선포가 진리라면 그것을 어떻게 실제로 살아 낼 수 있을까?

신부의 단장을 마치고 마침내 왕후가 되었던 에스더, 그녀에게서 예수님이 말씀하신 신부의 권세가 있음을 보게 된다.

왕후로서 행복한 나날을 보내던 에스더에게 너무나 놀라운 소식이 전해진다. 민족의 운명이 기로에 서 있으며, 에스더가 왕 앞에 나아가 간청하는 길밖에는 민족을 살릴 방법이 없다는 소식이었다. 그러나 왕후 에스더는 왕 앞에 나아가는 것을 쉽게 결정하지 못한다. 왜냐하면 자신의 민족을 구원할 수 있는 권세를 지닌 왕 앞에 나아가지 못한 지가 이미 오래되었고, 부름 없이 나아갔다가 왕의 은총을 입지 못하면 죽음을 각오해야 했기 때문이다.

"왕의 신하들과 왕의 각 지방 백성이 다 알거니와 남녀를 막론하고 부름을 받지 아니하고 안뜰에 들어가서 왕에게 나가면 오직 죽이는 법이요 왕이 그 자에게 금 규를 내밀어야 살 것이라 이제 내가 부름을 입어

왕에게 나가지 못한 지가 이미 삼십 일이라"(에 4:11).

그러나 민족이 처한 상황은 그녀가 그저 묵묵히 지켜볼
수 있는 상황이 아니었다.

"모르드개가 그를 시켜 에스더에게 회답하되 너는 왕
궁에 있으니 모든 유다인 중에 홀로 목숨을 건지리라
생각하지 말라 이때에 네가 만일 잠잠하여 말이 없으
면 유다인은 다른 데로 말미암아 놓임과 구원을 얻으
려니와 너와 네 아버지 집은 멸망하리라 네가 왕후의
자리를 얻은 것이 이때를 위함이 아닌지 누가 알겠느
냐"(에 4:13-14).

나라의 법을 누구보다 잘 지켜야 하는 왕후로서 에스더
는 왕의 부름 없이 왕에게 나아갔을 때 어떤 대가를 치러야
할지 누구보다 잘 알고 있었다. 어디 그뿐이랴? 이전의 왕
후 와스디가 왕 앞에 나오라는 왕의 명령을 거역하다 폐위
된 까닭에 에스더가 지금 왕후의 자리를 차지하지 않았는
가? 모든 여인들이 그들의 남편을 존경하고 남편들이 자기

의 집을 주관하게 하기 위해(에 1:20-22) 에스더는 왕후의 자리에 오른 것이다. 그런 그녀가 왕의 부름을 받지 않았음에도 불구하고 민족을 구하기 위해 왕 앞에 나가야 하는 것이다. 그러나 에스더는 더 이상 회피할 수 없었다. 그녀는 자신의 목숨을 내놓기로 결단한다.

"죽으면 죽으리이다"(에 4:16).

그녀는 3일 동안 금식을 하며 왕 앞에 나아갈 준비를 했다. 그녀와 온 민족이 한마음으로 금식하자 영적인 세계에 변화가 일어나기 시작했다. 목숨을 건 결단이 하나님의 마음을 감동시켰나 보다. 민족을 구할 수 있는 길들이 그녀도 모르는 사이에 하나 둘씩 열리기 시작했다. 하나님의 마음뿐만 아니라 그녀를 향한 왕의 마음도 변화되고 있었다.

그녀가 왕후가 되기 위해 열두 달의 단장을 마치고 왕 앞에 섰을 때 못지않게 두렵고 떨리는 순간이 왔다. 3일 금식을 마친 후 에스더는 왕후의 예복을 곱게 차려입고 왕 앞에 나아갔다. 그것은 아마 에스더가 할 수 있는 최선이었을 것이다.

이제 모든 것은 왕의 손에 달려 있다. 그런데 왕의 눈에 들어온 에스더의 모습이 매우 사랑스러웠다. 에스더를 향한 사랑과 은총의 표시로 왕은 그녀에게 금규를 내밀었다. 그녀가 왕의 은총을 입게 되었다는 것은 어쩌면 하나님께서 이미 에스더에게 은총을 부어 주셨다는 증거일 것이다. 하나님의 은총은 그분의 말씀과 뜻을 이루기 위해 자신의 목숨이라도 내어 놓는 사람에게 부어졌다.

> "왕이 이르되 왕후 에스더여 그대의 소원이 무엇이며 요구가 무엇이냐 나라의 절반이라도 그대에게 주겠노라 하니"(에 5:3).

사랑스러운 왕후 에스더에게 왕은 나라의 절반이라도 주고 싶었다. 그런데 그녀는 그 자리에서 민족에 관한 일을 왕 앞에 꺼내지 않는다. 대신 왕을 위한 잔치에 왕과 하만을 초대한다. 다음 날의 잔치에서도 소원을 이야기하지 않는다. 그리고 또 한 번의 잔치를 베풀었을 때 이미 상황은 유다인의 원수인 하만이 죽음을 피할 수 없도록 전개되고 있었다. 하만이 죽임을 당하고 그의 악한 계략들이 파헤쳐지고 유다인의 원수들이 도륙을 당하게 된다.

"이제 그대의 소청이 무엇이냐 곧 허락하겠노라 그대
의 요구가 무엇이냐 또한 시행하겠노라 하니"(에 9:12).

에스더를 향한 왕의 사랑과 신뢰가 점점 더 커지더니 이
제는 무엇이든지 그녀가 원하는 것을 다 들어주겠다고 한
다. 왕은 에스더에게 왕의 권세를 모두 사용할 수 있도록 허
락했다. 에스더는 남편인 왕의 권세를 이용해 민족의 운명
을 위협하는 악한 세력을 모두 진멸시켰다(에 9:13). 그녀는
왕후로서 누릴 수 있는 최고의 권세를 사용하여 민족을 위
기에서 살렸을 뿐 아니라 음부의 권세를 완전히 멸할 수 있
었다.

누군가의 신부가 된다는 것은 참 신기하다는 생각을 하
게 된다. 신랑과 한 마음이 된 신부, 신랑의 사랑과 은총을
받은 신부에게는 신랑의 권세가 주어지기 때문이다.

## 죽음과 새로운 시작

하나님의 킹덤은 낳고 낳고 또 낳는 생명의 역사다. 생명이 태어나는 것은 킹덤의 역사가 계속되고 있다는 증표다. 그런데 이렇게 '낳는' 킹덤의 역사를 위해서는 죽음이 요구된다. 왜냐하면 먹는 날에는 반드시 죽게 되는 그 선악과를 사람이 먹어 버렸기 때문이다. 그러나 사랑의 하나님은 우리의 죽음이 그저 죽음에 머무르지 않고 새로운 생명으로 이어지도록 길을 열어 놓으셨다. 그 죽음이 선악과를 먹은 이후 우리에게 들어온 죄로부터의 죽음이 될 때, 그 죽음은 오히려 새로운 생명을 낳는 거룩한 도구가 되게 하셨다.

5년 전 나의 사랑하는 엄마가 이 세상을 떠나셨다. 이 세상에 수많은 죽음이 있지만 자녀에게 있어 엄마의 죽음은 그 어떤 죽음과 비교할 수 없는 의미를 던져 주는 것 같다. 나의 생명이 만들어졌던 그 보금자리가 이제 흔적도 없이 사라졌다. 어른으로 성장하기까지 나의 모든 필요를 공급해 주던 그 존재가 사라졌다. 어쩌면 나의 과거와 관련된 모든 것이 현실에서 사라진 것인지도 모르겠다.

엄마가 돌아가셨다는 소식을 듣고도 훨씬 후에야 남편과 함께 한국에 왔다. 우리 두 사람은 엄마의 흔적이 담겨 있는 납골당에 찾아갔다. 한 사람이 이 세상에 남기고 가는 것이 겨우 한 줌의 재밖에 되지 않았다. 엄마의 마지막 모습, 그 얼굴이라도 보지 못한 것이 그제야 마음에 사무치기 시작했다.

할 말을 잃은 채 눈물만 흘리고 있는데 남편은 내 옆에서 계속 무언가를 되뇌고 있었다.

"새로운 시작이다!"

엄마의 삶을 생각하며 함께 기도하는데, 남편이 주머니에서 며칠 전 이스라엘에서 가져온 조그마한 기름병을 꺼냈다. 처음 사용해 보는 것이라 어색했지만, 엄마의 인생을 위해 기름을 바르고 싶다는 감동이 있었나 보다. 그가 엄마의 흔적에 기름을 바르는 동안 나는 눈을 감고 기도했다.

"쨍그랑!"

소리에 놀라 눈을 떠보니 그의 손에 들려 있던 조그만 기름병이 바닥에 떨어져 기름이 흘러나오고 있었다. 황급히 기름병을 집어 들던 그는 잠시 멈칫했다. 그는 그저 기름을 한두 방울 바르려 했는데, 아마도 하나님은 그 기름병 전부를 엄마에게 쏟아 붓고 싶으셨나 보다. 남편은 그가 처음 손에 만져 본 기름병을 돌아가신 장모에게 모두 쏟아 부었다.

그러면서 또 한 번 되뇌었다. 새로운 시작이라고!

돌아가신 엄마를 묵상하며 기도하고 예배하고 있을 때 만왕의 왕이신 주님께서 내게 남편을 마치 왕이신 예수님처럼 섬기라고 요청하셨다.

"너의 남편을 왕처럼, 예수님처럼 섬기지 않으련?"

왜 남편이 왕이고 예수님이어야 하지? 가정이 킹덤이기 때문이라고 하셨다. 킹덤 패밀리! 결혼 14년이 되던 그때, 나는 처음으로 하나님이 만드신 가정이 무엇인지 심각하게 묵상하게 되었다. 남편과 자식들 챙기느라 늘 집안일에만 묻혀 살던 엄마가 이 세상을 떠나시며 딸인 나에게 킹덤 패밀리를 남겨 놓으셨다. 내가 사는 가정에 하나님의 킹덤이 조명되기 시작하자, 내가 가정에서 하는 모든 일이 비로소 의미를 갖기 시작했다.

**아내가 묶는 대로 남편이 풀린다**

하나님이 온 세상을 창조하신 후 마지막으로, 그 세상을 다스릴 사람을 자신의 형상을 따라 창조하셨다. 그리고 남자와 여자를 남편과 아내의 관계로 묶어 주셨다. 하나님이 최초의 가정을 이 세상에 탄생시키셨다. 남편과 아내로 이루어진 가장 작은 단위의 공동체인 가정을 향하여 하나님을 대신해 피조물들을 다스리도록 명령하셨다. 가정 안에 하나님이 디자인한 킹덤의 DNA를 심어 놓으신 것이다.

> "하나님이 이르시되 우리의 형상을 따라 우리의 모양대로 우리가 사람을 만들고 그들로 바다의 물고기와 하늘의 새와 가축과 온 땅과 땅에 기는 모든 것을 다스리게 하자 하시고 하나님이 자기 형상 곧 하나님의 형상대로 사람을 창조하시되 남자와 여자를 창조하시고"(창 1:27-28).

남편들의 모습에는 에덴동산에서 하나님으로부터 킹덤을 위임받았던 아담의 모습이 담겨 있다. 하나님은 이 아담과 함께 에덴동산을 다스리도록 돕는 배필인 여자를 주시며 두 사람이 한 몸을 이루라고 명령하셨다. 한 몸을 이룬 남자와 그를 돕는 배필, 하나님의 킹덤은 그들의 가정에서부터 시작되었다.

먹지 말라고 명령하셨던 선악과를 먹음으로 말미암아 두

사람이 타락하였고 하나님의 킹덤이 무너졌다. 이 땅에 메시아로 오신 예수님은 죄로 타락한 사람의 모습을 회복하셨고 무너졌던 킹덤을 다시 세우셨다. 우리 가정의 모습을 다시 킹덤으로 회복하신 것이다.

"그 옷과 그 다리에 이름을 쓴 것이 있으니 만왕의 왕
이요 만주의 주라 하였더라"(계 19:16).

예수님이 다시 이 세상에 오실 때 그의 이름이 "만왕의 왕 만주의 주"라고 한다. 정말 예수님이 그 이름으로 불린다면, 이 세상에 수많은 '왕'들과 수많은 '주'들이 있어야 하는데, 그들은 도대체 어디에 있는 누구일까? 그들은 다름 아닌 우리의 가정에 있는 남편들이다. 그리고 주님이 회복하신 킹덤을 삶에서 살아내는 것은 이제 우리의 몫이 되었다.

남편을 왕처럼, 예수님처럼. 그런데 남편의 모습에서 예수님, 왕의 모습이 보이지 않을 때가 많았다.

"하나님, 제 남편은 왕 같지 않아요. 예수님은 더더욱 아니에요."

"너의 남편이 어떤 사람이 되길 원하느냐? 너의 믿음대

로 되리라."

남편의 모습을 보면서 불평하고 있는 내게 주님은 도리어 나의 믿음에 대해 말씀하신다. 믿음의 눈으로 보는 대로 이루어 주시겠단다.

"내가 천국 열쇠를 네게 주리니 네가 땅에서 무엇이든
지 매면 하늘에서도 매일 것이요 네가 땅에서 무엇이
든지 풀면 하늘에서도 풀리리라 하시고"(마 16:19).

"나의 남편은 절대로 예수님 같지 않아요!"

아내인 내가 묶는 대로 하늘에서도 묶여서, 남편이 절대 예수님 같지 않은 사람이 될 것 같다.

"나의 남편은 예수님 같은 겸손한 왕입니다!"

내가 푸는 대로 하늘에서도 풀려서 정말 남편의 모습 속에 감추인 예수님의 형상이 드러날 것 같다. 아내로서 믿음의 눈으로 무엇을 보고 있는가에 대한 두려움이 생기기 시작했다.

에덴동산에 있을 때, 여자는 그녀의 권세를 잘못 사용한 적이 있다. 뱀의 유혹에 넘어가 선악과를 먹음으로써 잘못

매고 잘못 풀었다. 선악과 사건 이후 하나님이 내리신 판결에서 하나님은 여자를 모든 관계의 중심에 두셨다. 그녀가 잘못 매고 묶으면 모든 것이 엉망이 되어 버리는데도 하나님은 여자를 향한 기대를 저버리지 않으시나 보다. 이번에는 주어진 권세를 올바로 사용하여 천국을 이 땅에 임하게 할 것이라고 말이다.

### 어메이징 슈퍼우먼

하나님의 지혜를 모아 놓은 책인 잠언에는 현숙한 여인이 소개되어 있다. 이 여인을 어떻게 표현하면 좋을까? 슈퍼우먼!

그녀가 하는 모든 일은 놀랍게 번창한다. 그녀의 가정은 무엇 하나 부족할 것이 없다. 남편도, 아이들도, 종들도, 그녀를 스쳐 가는 곤고한 객들도, 누구든지 그녀의 손길이 미치면 모두 풍성해진다. 그녀의 남편은 정말 축복받은 남자다. 그녀의 자녀들은 또 얼마나 행복했겠는가? 그녀를 아는 이웃들은 그녀에게 얼마나 고마워했겠는가? 한 여인의 존재가 이렇게 놀랍고 아름다울 수 있을까?

더구나 그녀의 지경은 가정에 머물지 않는다. 여러 가지 사업을 하고 밭과 포도원을 일군다. 그녀의 지경은 한이 없다.

무엇이 그녀를 이토록 놀라운 여인으로 만들었을까?

첫째, 남편이 그녀를 신뢰하고 있다. 하늘로 올라가시며 "내가 하는 일을 그도 할 것이요 또한 그보다 큰일도 하리니"(요 14:12) 하고 하나님 나라의 완성을 신부에게 맡기신 예수님의 무한 신뢰를 생각나게 한다. 남편의 신뢰를 받은 만큼 그녀는 실망시키지 않는다. 그녀가 손대는 모든 일이 풍성해졌고 그것으로 많은 자를 축복했다.

둘째, 그녀는 평생 남편에게 선을 행했다. 그녀가 하는 모든 일은 남편을 기쁘게 했고 남편에게 덕이 되었다. 여인은 남편의 마음을 어떻게 그렇게 잘 알았을까? 모든 분주한 일을 제쳐놓고 주님 발치에 앉아 말씀에 귀 기울인 마리아에게 예수님은 그녀가 더 좋은 것을 선택했다(눅 10:38-42)고 칭찬하셨다. 마리아는 예수님의 말씀을 들으며 그분의 생각과 마음을 이해했으므로 그녀가 하는 일은 늘 주님을 기쁘게 했다(요 12:7-8).

현숙한 여인이 남편에게 선을 행할 수 있었던 것은 그녀

의 마음이 늘 남편을 향해 있었고 그의 말에 귀 기울였기 때
문일 것이다. 남편의 마음을 기쁘게 하기 위해 했던 그녀의
일에 하나님이 복을 주셨다.

셋째, 남편의 칭찬은 그녀를 슈퍼우먼으로 만들었다.

"이는 곧 물로 씻어 말씀으로 깨끗하게 하사 거룩하게
하시고"(엡 5:26).

아내를 향한 남편의 말에는 모든 더러움과 죄악과 수치
심을 씻어 내어 그녀를 거룩하게 만드는 능력이 있다. 또한
사랑이 담긴 칭찬의 말은 그녀를 담대하게 만든다(잠 31:28).
현숙한 여인은 이 세상에 두려운 것이 없는 사람인 것 같다.

모든 여자보다 뛰어난 현숙한 여인을 아내로 둔 남편은
어떤 사람일까?

"그의 남편은 그 땅의 장로들과 함께 성문에 앉으며
사람들의 인정을 받으며"(잠 31:23).

그녀의 남편은 장로(지도자)들과 함께 나라를 다스렸고 사

람들의 존경을 받는 사람이다. 그녀가 바라보는 세상은 가정에 국한되지 않는다. 그녀의 지경이 한없이 넓을 수 있었던 것은 어쩌면 그녀의 남편이 바라보는 것을 그녀도 바라보았기 때문이 아닐까? 그녀의 영향력이 가족에게만 머물지 않고 수많은 사람들에게 은혜를 베풀 수 있었던 것은 그녀의 마음과 남편의 마음이 하나였기 때문이 아닐까? 그녀는 남편의 일에 관심이 있었고 남편에게 선을 행하고 싶어했다. 그 큰 세상의 일이 그녀에게는 전혀 두렵지 않다. 그녀가 남편을 의지하고 시도하는 수많은 일들에 축복이 임한다. 그녀는 남편의 사명을 남편과 함께 완성하고 있었다.

"그의 자식들은 일어나 감사하며 그의 남편은 칭찬하기를 덕행 있는 여자가 많으나 그대는 모든 여자보다 뛰어나다 하느니라 고운 것도 거짓되고 아름다운 것도 헛되나 오직 여호와를 경외하는 여자는 칭찬을 받을 것이라 그 손의 열매가 그에게로 돌아갈 것이요 그 행한 일로 말미암아 성문에서 칭찬을 받으리라"(잠 31:28-31).

집 안에서 자식들과 남편의 칭찬이 그치지 않는다. 이 세상에서 최고의 아내이자 가장 멋진 엄마다. 집 밖에서도 그녀를 아는 사람들의 칭찬이 자자하다. 현숙한 여인은 가족이 원하고 세상이 고대하는 모습인 것 같다. 그녀가 사는 집은 천국이다. 그녀가 영향을 미치는 모든 곳이 천국으로 바뀐다.

'일이냐, 가정이냐?'

현대를 사는 여자들이 한 번쯤 고민하는 문제다. 그런데 현숙한 여인을 보면 그보다 다른 것이 문제인 것 같다.

'나는 어떤 신부가 될 것인가?'


### 현숙한 여인 만들기

2013년 가을, 딸 지원이가 한 달가량 이스라엘에 다녀왔다. 또래 학생들과 함께 한 달간 이스라엘로 교실을 옮겨 성경과 이스라엘의 역사 등을 배웠다. 지원이는 이스라엘에서 보고 경험한 것들 중에 이스라엘 여인들이 매우 인상적이었던 모양이다.

"엄마, 그 여자들은 진짜 현숙한 여인들이야."

유대인 가정에 초대받아 가서 함께 지내며 보게 된 유대인 여인들의 모습에 대해 지원이는 감탄을 연발했다. 유대인 엄마들의 모습은 지원이가 본 엄마들과 많이 달랐나 보다. 식구들을 돌보고 집안일을 하는 모습이 달라 봤자 뭐 그리 다를까? 그런데 지원이는 확실히 달랐다고 말한다.

유대인 엄마들은 집안에서 사령관(Commander) 같단다. 물론 아빠가 집안의 대장이다. 그런데 엄마는 엄마 나름의 권위를 가지고 자녀들을 대했고, 집안일을 하면서 절대 쩔쩔매거나 불평하는 법이 없더란다. 그 많은 아이들을 돌보면서도 집안일을 척척 해내는 모습이 마치 사령관 같았다는 것이다.

성경은 남편을 '머리', 아내를 '몸'으로 표현한다. 몸이 얼마나 많은 일을 하는지 생각해 보았다. 손, 발, 심장, 입…. 몸은 바쁘다. 그중의 어떤 것은 24시간 움직여야 한다. 유대인 엄마들은 몸처럼 수많은 일들을 감당하면서도 함부로 할 수 없는 고귀함(noble)과 당당함을 가지고 있다고 했다. 그녀들은 자신이 하는 일에 대해 자부심을 가지고 있고 또 깊은 만족을 느끼는 것이 틀림없다. 그래서 고귀하고 당당해 보이는 것이리라.

딸의 말에서 나는 '엄마도 그들처럼 현숙한 여인으로 살라'는 간절한 소망을 읽었다. 어디 딸뿐이랴. 남편도 아내가 현숙한 여인처럼 되기를 얼마나 바라고 고대하겠는가? 남편은 심지어 우리 가족의 현숙한 여인 만들기 작전까지 짜 놓았다!

우리 가족은 잠자리에 들기 전에 온 식구가 모여 앉아 하루의 일과를 돌아보며 감사의 제목을 나누고 기도하는 시간을 갖는다. 남편은 이 시간의 마지막에 현숙한 여인을 만들기 위한 기도의 시간을 따로 구별해 놓았다. 자녀들이 엄마를 축복하며 기도한다. 첫째, 둘째, 그리고 셋째가 차례로 엄마를 껴안고 이 세상 최고의 축복을 쏟아 부어 준다.

'하나님, 정말로 그런 엄마가 되고 싶어요!'

아이들의 축복이 끝나면 마지막으로 남편이 아내의 머리에 손을 얹고 축복하며 기도한다. 내게는 하루 중 가장 행복한 시간이다.

유대인 남편은 매주 안식일에 아내를 위해 잠언 31장을 읽어 주며 자신의 아내가 현숙한 여인이 되기를 축복하고 기도해 준다고 한다. 수천 년 동안 매주 적어도 한 번은 모든 유대인 가정에서 이런 기도를 드리고 있는 것이다. 유대인 여자들이 현숙한 여인이 될 수밖에 없는 이유가 여기에 있다.

이렇듯 유대인 여인들은 수천 년간 쌓인 기도로 현숙한 여인이 될 수 있었다. 그러니 우리가 어떻게 첫술에 배부를 수 있으랴. 자녀들의 감사와 남편의 축복이 나를 어서 빨리 현숙한 여인으로 만들어 가길 간절히 고대한다. 뿐만 아니라 각 가정마다 자녀들과 남편의 도움으로 현숙한 여인들이 많이 나왔으면 좋겠다.

**03**

# 생명의 탄생으로
# 역사를 바꾼 어머니

## 에덴을 떠나며 새 이름을 짓다

선악과를 먹은 인간이 생명나무가 있는 에덴동산에서 살
수 없다고 판단하신 하나님은 아담과 그의 아내를 에덴동산
에서 내보내신다. 그런데 에덴동산을 떠나기 바로 직전에
아담은 급하게 무언가를 하고 있다. 아담은 에덴동산에서
하나님을 대신하여 땅을 정복하고 생물을 다스리는 일을 감

당했다. 그런데 아담이 그 많은 생물을 다스리는 방법 중 하나는 생물들에게 이름을 지어 주는 것이었다. 아담이 이름을 지어 주는 대로 생물들의 이름이 되었고 그들이 살아가는 모습이 되었다. 이제 아담은 이 아름다운 동산에서 쫓겨나기 전 아내에게 이름을 지어 주고 있다.

"아담이 그의 아내의 이름을 하와라 불렀으니 그는 모든 산 자의 어머니가 됨이더라… 이같이 하나님이 그 사람을 쫓아내시고 에덴동산 동쪽에 그룹들과 두루 도는 불 칼을 두어 생명 나무의 길을 지키게 하시니라"(창 3:20, 24).

아담은 어느 때보다 혼신의 힘을 기울여 아내의 이름을 지었다. 이것이 아담이 에덴동산에서 하나님을 대신해 감당한 마지막 사명이었다. 왜 아담은 그 긴박한 순간에 아내에게 새 이름을 지어 주었을까?

에덴동산 안과 밖의 삶에는 엄청난 차이가 있다. 선악과를 먹음으로 말미암아 '정녕 죽으리라'는 죄의 대가가 짙은 그림자를 드리우고 있었고 땅은 저주 아래 있게 되었다. 아담이 아내에게 지어 준 새 이름 '하와, 즉 모든 산 자의 어머니'는 이제 에덴을 떠나 저주 아래 있는 땅에서 사는 동안 불릴 이름이다. 선악과를 먹고 난 후 반드시 죽게 될 운명을 지닌 자들의 입에서 불릴 이름이다. 여자의 새 이름 안에는 그 이름으로 불리면서 살아가는 여자의 삶과 그 이름으로 이루어야 할 사명이 담겨 있다. 그리고 이것은 또한 에덴동산 밖에서 살게 되는 인류를 향한 하나님의 소망이기도 하다.

죄의 결과로 죽음의 길을 가야 하는 인류에게 하나님은 하와, 즉 모든 산 자의 어머니를 주셨다. 에덴동산 밖에서 살아가는 인류를 향한 하나님의 지혜가 그 이름 속에 숨겨져 있는 듯하다.

나는 지금껏 살아오면서 가장 힘든 일 중의 하나를 꼽으라면 다름 아닌 엄마가 되는 것이었다. 그 어떤 것보다 가장 어려운 일이었다. 나에게 맡겨진 한 인생을 과연 내가 잘 감당할 수 있을까? 점점 불어나는 배를 바라보며 그 안에서 호흡하고 있을 한 생명이 신기하고 감격스럽다가도 '어떻게 하지?' 하며 막막하고 두려워 어찌할 바를 몰랐다.

어떤 일도 아니고 어떤 물건도 아니고 한 생명이 내게 맡겨졌다. 잠시 정해진 시간 동안만이 아니라 평생을 어머니로서 살아야 한다. 아, 이 느낌은 한 남자의 아내가 되었을 때와는 또 달랐다. 엄마가 된다는 것이 이렇게 부담스럽고 두려운데 하나님은 이것이 축복이라고 하신다. 내가 엄마가 되는 것에 대해 한없는 기대를 하시는 것 같다.

"하나님이 그들에게 복을 주시며 하나님이 그들에게 이르시되 생육하고 번성하여 땅에 충만하라"(창 1:28).

결혼한 후 남편과 나는 우리 가정에 세 명의 자녀를 두기로 결정했다. 그리고 의도한 것은 아니지만 실제로 우리의 계획처럼 세 명의 아이가 태어났다. 내가 어렸을 때 수도 없이 들었던 구호가 생각난다. "아들 딸 구별 말고 둘만 낳아 잘 기르자." 아이를 너무(?) 많이 낳는 것이 나라와 인류에 얼마나 좋지 않은 영향을 미치는지를 교육받은 기억도 난다.

나의 엄마는 딸을 여섯 낳으셨다. 둘만 낳는 것이 시대의 유행이었고, 민족과 인류를 위한 현명한 선택이라고 배웠는데, 엄마는 어쩌자고 여섯이나 낳으셨을까? 그런 엄마가 창피했다. 왜 여섯이나 낳았냐고 따지는 딸을 엄마는 어이가 없다는 듯 쳐다보며 "생명이 잉태되면 당연히 낳아야

지" 하셨다. 나는 나와 생각이 너무나 다른 엄마를 이해할
수 없었다.

수천 년 동안 '낳는' 일은 별 저항 없이 이어져 온 것 같다.
아니 오히려 할 수만 있으면 더 많은 자녀를 낳기를 간구했
다. 생명을 허락하시면 그 생명을 세상에 탄생시키는 것이
당연했다. 그러나 지난 백 년도 안 되는 짧은 역사 동안 너무
나 자연스런 이 일이 선택 사항이 되어 버렸다. 나 역시 다들
둘만 낳는 시대에 큰맘 먹고 셋을 낳기로 선택했다.

하나님이 가장 귀히 여기시는 사람의 생명은 최첨단 연
구실이나 공장에서 만들어지는 것이 아니라 여자의 몸에서
탄생된다. 나는 이제야 한 여자로서 할 수 있는 수많은 일
중에 어느 것과도 비교할 수 없이 값진 일이 자녀를 낳는 일
임을 깨닫는다.

### 머리들의 질서

에덴을 떠나면서 아담이 아내에게 모든 산 자의 '어머니'
라는 이름을 지어 준 뒤 세월이 많이 흘렀다. 죄로 물든 세
상을 향한 소망이 담겨 있음 직한 그 이름, 아담의 입에서

처음으로 불린 그 이름을 오랜 세월이 흐른 뒤 마침내 하나님은 한 여인에게 사용하신다.

"내가 그에게 복을 주어 그가 네게 아들을 낳아 주게 하며 내가 그에게 복을 주어 그를 여러 민족의 어머니가 되게 하리니 민족의 여러 왕이 그에게서 나리라"(창 17:16).

그녀가 여러 민족의 '어머니'가 됨으로써 하나님의 구원 역사는 구체적으로 펼쳐지기 시작했다. 이제 그녀가 여러 민족의 '어머니'가 됨으로 말미암아 선악과로 무너졌던 하나님의 킹덤이 다시 세워지는 계획이 드러나기 시작했다. 하나님은 무엇 때문에 '어머니'의 사명을 감당할 인생으로 사라를 선택하셨을까?

"전에 하나님께 소망을 두었던 거룩한 부녀들도 이와 같이 자기 남편에게 순종함으로 자기를 단장하였나니 사라가 아브라함을 주라 칭하여 순종한 것같이 너희는 선을 행하고 아무 두려운 일에도 놀라지 아니하면 그의 딸이 된 것이니라"(벧전 3:5-6).

사라가 남편을 '주'로 부른 것에 대해 하나님의 칭찬이 대단하다. 남편에게 순종하는 것이 아내들의 신부 단장이라고 하신다. 그리고 그 단장의 절정으로, 사라가 남편을 주로 부른 것을 말씀하시며 여인들에게 사라와 같이 되라고 권면하신다. 도대체 남편을 주로 부른 것이 하나님께 왜 그렇게 중요했을까?

나의 남편은 아홉 살 때 미국으로 이민 와서 어린 시절을 미국에서 보냈다. 반면에 나는 20대 중반에 유학을 위해 미국에 왔다. 남편과 나는 한국인이라는 점에서 같지만 살아온 환경과 배경이 너무 달랐다. 남편은 결혼 전부터 이 점을 염려했다.

남: "우리 두 사람이 앞으로 결혼해서 살다가 서로 생각이 다를 때는 어떻게 할까요?"
여: "그런 걱정 안 해도 괜찮아요. 그냥 내 의견을 따르면 되지, 뭘 걱정을 하세요?"

그렇게 시작한 우리의 결혼생활은 팽팽한 긴장의 연속이었다. 누구의 의견이 더 옳은가를 증명하기 위해 실랑이를 벌이더니 어느덧 누구의 고집이 더 센가를 겨루게 되었다. 결혼 전에는 고집 부려서 웬만해선 이기지 못한 적이 없는데, 결혼하고 나니까 그게 안 통했다.

"누가 머리가 되든 뭐가 그리 중요해요? 누구든 지혜롭고 현명한 결정을 할 수 있는 사람이 머리가 되면 안 되나요?"

나의 논리에 하나님께서 전혀 동의해 주시지 않는 것 같았다.

"그러나 나는 너희가 알기를 원하노니 각 남자의 머리는 그리스도요 여자의 머리는 남자요 그리스도의 머리는 하나님이시라"(고전 11:3).

남자가 여자의 머리가 되는 것이 전부가 아니다. 그 배후에는 남자의 머리가 그리스도이고 또 그리스도의 머리가 하나님이 되는 하나님 나라의 거대한 질서가 있다. 그래서 여자는 남편을 머리로 삼아야 한다고 말씀하신다.

그리스도가 이 세상에 계시는 동안 하신 모든 일들은 그의 머리이신 하나님 아버지의 말씀에 순종하는 것이었다. 그리고 그의 순종은 겟세마네에서 절정에 달했다. 예수님이 잡히시기 전 날 밤, 겟세마네에서 땀방울이 핏방울이 되도록 기도하시며 자신의 뜻을 꺾고 대신 아버지의 뜻에 복종하신 것이다. 그리고 예수님이 하나님 아버지를 머리 삼으셨듯이 아내도 남편을 머리 삼으라고 말씀하신다.

그런데 이런 머리들의 질서는 순종의 질서이자 동시에 축복이 흘러 내려오는 질서이기도 한 듯하다. 하나님은 아버지의 뜻에 죽기까지 순종한 예수님을 만물의 머리로 삼으시고(엡 1:22), 모든 이름 위에 뛰어난 이름이 되게 하셨다(빌 2:9-11).

남편의 뜻에 동의하지 않을 때라도, 때로는 그의 판단이 지혜롭게 보이지 않을지라도 그가 나의 머리라는 것을 인정하고 순종했을 때 놀랍게도 하나님의 축복이 내게 임하는 것을 경험한다. 남편의 말이 옳고 그름을 떠나서, 하나님이 정해 주신 질서에 순종하겠다는 결단이 하나님을 감동시켰나 보다. 풍성한 하나님의 축복이 그리스도에게로, 그리스도의 축복이 남편에게로, 그리고 남편의 축복이 아내에게로 넘치도록 흘러내리는 것이 하나님의 질서임을 점점 깨닫게 된다.

남편을 주로 삼은 사라의 순종을 하나님은 그의 킹덤의 기초를 놓는 일에 중요하게 사용하셨다. 그녀의 순종의 영향력은 그녀 가정에 머물지 않고 온 민족에까지 영향을 미치게 되었다. 드디어 하나님께서 자신의 마음을 흡족케 하는 한 여인을 찾으시고는 그녀에게 '어머니'라는 이름을 당당하게 사용하신다. 이제 선악과를 먹음으로 말미암아 정녕 죽을 수밖에 없는 인간을 구원하고 하나님의 킹덤을 완성하는 민족들을 낳는 일을 사라로부터 시작하신다.

### 새 역사를 시작하는 어머니

살고 있던 미국을 떠나 글로벌 기도 여행을 하면서 우리 가족의 삶에는 크고 작은 변화들이 생겨났다. 우리 부부뿐만 아니라 자녀들도 그들이 전혀 예상하지 못한 생활을 하게 되었다. 익숙한 환경을 떠나 낯선 곳에서 살게 되었고, 친한 친구들과 노는 대신 혼자 보내야 하는 시간이 많아졌다. 학교에 가서 공부를 하는 대신, 하루가 시작되면 오늘 하루는 무엇을 하며 지낼까 생각해야 했다. 아이들의 그런 모습을 지켜보는 것이 나에게는 가장 힘든 일이었다.

세 아이들 중 유독 조용한 편인 둘째 크리스토퍼가 낯선 환경에서 지내는 시간이 그리 쉽지 않았나 보다.

"엄마, 나 심심해…."

아이의 그 한 마디가 나의 마음을 무너지게 했다. 어떻게 아이를 심심하지 않게 해 줄까 고민하기 시작했다. 그런데 모든 것이 낯선 이곳에서 엄마라고 해서 딱히 해 줄 수 있는 게 별로 없었다. 아이는 그 후 몇 번 더 심심하다는 표현을 하더니 그래 봐야 별로 달라지는 것이 없어서 그랬는지 어느새 그 말마저도 하지 않게 되었다. 점점 더 조용해지는 아들을 바라보는 것이 참 힘들었다.

'크리스토퍼를 재미있게 해 줄 수만 있다면….'

나는 알 수 없는 답답함으로 속이 터지는 것 같았다. 불평할 사람이라도 옆에 있으면 좋겠다고 생각했다. 그러다 통곡해 버린 적이 몇 번 있었다.

"하나님, 우리 크리스토퍼가 심심하지 않고 재미있게 지낼 수 있게 해 주세요!"

지난겨울 아이가 쓴 짧은 글을 보게 되었다. '나의 장래 꿈'이라는 제목이었다.

"나는 장래 꿈이 없다. 왜냐하면 내가 꿈을 가져도 정말 그렇게 안 될 수 있기 때문이다. 내가 원하는 것은 그냥 내 주위에 좋은 사람들이 많고 좋은 환경이면 좋겠다는 것이다. 나는 장래 꿈이 없다. 내 인생은 내가 아니라 하나님이 인도하신다."

열세 살짜리 아들의 글을 보면서 한편으로는 슬프고 또 한편으로는 대견하기도 했다. 크리스토퍼에게 이런 상황을 허락하신 하나님의 뜻은 과연 무엇일까? 자녀가 행복해지기까지 마음을 놓을 수 없는 것이 엄마의 마음인가 보다.

자녀를 위해 하나님께 부르짖었던 한 어머니에게서 교훈을 얻어 본다.


어두운 시대를 살아가던 한 여인이 있었다. 여호와께 제사를 드리는 제사장이 여호와를 경외하지 않고 여호와의 마음과 뜻대로 행하지 않던 시대, 여호와의 제사가 멸시 받던 시대였다. 그러나 그 여인은 시대의 어두움을 돌아볼 겨를이 없다. 그녀는 자신의 문제를 놓고 괴로워하고 있었다. 남편의 또 다른 아내는 자식이 있는데, 자신에게는 자식이 없음으로 말미암아 그녀는 슬픔에 잠겨 있다. 그 여인이 바로 한나다. 자식이 없으나 여전히, 아니 더욱 아내를 아끼고 사랑하는 남편이 옆에 있건만 왠지 한나의 마음은 채워질 줄 몰랐다. 절망 끝에 그녀는 여호와께 자신의 고통을 토로한다.

> "한나가 마음이 괴로워서 여호와께 기도하고 통곡하며 서원하여 이르되 만군의 여호와여 만일 주의 여종의 고통을 돌보시고 나를 기억하사 주의 여종을 잊지아니하시고 주의 여종에게 아들을 주시면 내가 그의 평생에 그를 여호와께 드리고 삭도를 그의 머리에 대지 아니하겠나이다"(삼상 1:10-11).

남편이 아내를 이해하지 못했고 제사장도 그녀가 술 취했다고 오해했지만 한나는 하나님께 생명을 다해 기도했다. 그녀의 간구에 하나님께서 응답하셨고 마침내 그토록 기다리던 아들을 품에 안게 되었다.

몇 년이 흘렀을까? 한나는 그녀가 서원한 대로 젖 뗀 아들을 하나님께 드리기 위해 아들의 손을 잡고 여호와의 집으로 올라갔다. 그런데 지난 몇 년 사이에 한나에게 일어난 변화는 아들이 생긴 것만이 아니었다.

"한나가 기도하여 이르되 내 마음이 여호와로 말미암
아 즐거워하며 내 뿔이 여호와로 말미암아 높아졌으
며 내 입이 내 원수들을 향하여 크게 열렸으니 이는
내가 주의 구원으로 말미암아 기뻐함이니이다 여호와
와 같이 거룩하신 이가 없으시니 이는 주밖에 다른 이
가 없고 우리 하나님 같은 반석도 없으심이니이다 심
히 교만한 말을 다시 하지 말 것이며 오만한 말을 너
희의 입에서 내지 말지어다 여호와는 지식의 하나님
이시라 행동을 달아 보시느니라"(삼상 2:1-3).

그토록 간구하던 아들을 얻어 서원한 대로 여호와께 드
리기 위해 온 여자의 입에서 놀라운 말들이 쏟아지고 있다.
교만한 자들을 향하여 심판하시는 하나님의 위엄을 드러내
고 있다. 겸손히 하나님을 경외하라고 말하고 있다. 몇 년
전과는 분명히 다른 모습이다. 도대체 그녀에게 무슨 일이
일어났던 것일까?

"용사의 활은 꺾이고 넘어진 자는 힘으로 띠를 띠도
다 풍족하던 자들은 양식을 위하여 품을 팔고 주리던
자들은 다시 주리지 아니하도다 전에 임신하지 못하
던 자는 일곱을 낳았고 많은 자녀를 둔 자는 쇠약하도
다 여호와는 죽이기도 하시고 살리기도 하시며 스올
에 내리게도 하시고 거기에서 올리기도 하시는도다
여호와는 가난하게도 하시고 부하게도 하시며 낮추기
도 하시고 높이기도 하시는도다 가난한 자를 진토에
서 일으키시며 빈궁한 자를 거름더미에서 올리사 귀
족들과 함께 앉게 하시며 영광의 자리를 차지하게 하
시는도다 땅의 기둥들은 여호와의 것이라 여호와께서
세계를 그것들 위에 세우셨도다 그가 그의 거룩한 자
들의 발을 지키실 것이요 악인들을 흑암 중에서 잠잠
하게 하시리니 힘으로는 이길 사람이 없음이로다 여
호와를 대적하는 자는 산산이 깨어질 것이라 하늘에
서 우레로 그들을 치시리로다 여호와께서 땅 끝까지
심판을 내리시고 자기 왕에게 힘을 주시며 자기의 기
름 부음을 받은 자의 뿔을 높이시리로다 하니라"(삼상
2:4-10).

그녀는 지금 새로운 시대를 노래하고 있다. 이전 시대는 막을 내리고 이제 새로운 시대가 시작되고 있다고 선포하고 있다. 이전 시대와 새 시대가 어떻게 다른지 분명하게 알려 주고 있다.

한나는 여느 여인들처럼 아들 하나 갖기를 소망했다. 그런데 어쩐 일인지 그녀의 소원은 쉽게 이뤄지지 않았다. 그러자 한나는 더 처절하게 하나님 앞에 자신의 처지를 아뢰었다. 얼마나 하나님께 부르짖었을까? 얼마나 많은 시간을 하나님 앞에서 보냈을까? 마침내 하나님의 응답을 듣게 되자 그녀는 순식간에 달라졌다(삼상 1:18). 마음의 깊은 평안을 얻게 되었다.

아들을 갖게 해 달라던 한나의 기도는 아들을 주시겠다는 응답을 듣고 난 후에도 계속되었나 보다. 많은 시간을 하나님과 대화하였고 하나님은 또 그분의 속마음을 한나에게 이야기해 주셨나 보다. 시대의 악함에 대하여, 하나님이 소망하시는 새 시대에 대하여, 한나의 아들을 통하여 이루고 싶으신 일들에 대하여, 하나님과 그녀의 대화는 계속되었나 보다.

한나가 아들 사무엘을 데리고 엘리 제사장 앞에 선 날, 그날은 역사가 갈림길에 선 날이었다. 한 시대가 끝나고 새로운 시대가 도래하는 날이었다. 한나가 드린 사무엘을 통해 하나님은 새 시대를 시작하신 것이다. 충실한 제사장을 통해 하나님의 집이 견고해지는 시대가 시작된 것이다.

그날의 한나는 분명 수년 전의 그녀가 아니었다. 그녀의 관심은 더 이상 자신의 아들에게만 머물러 있지 않았다. 아들을 통해 시작되는 하나님 나라에 온통 마음을 뺏기고 있었다.

하나님의 말씀이 희귀하고 비전이 흔하게 보이지 않던 시절, 하나님은 어린 사무엘에게 자신을 나타내셨다. 앞으로 하나님이 하실 놀라운 일들을 그 어린 소년에게 미리 보여 주시며 말씀하셨다.

하나님께 드려진 사무엘의 영성은 어쩌면 그의 어머니 한나의 모습이지 않을까? 성경은 이스라엘의 왕들을 소개할 때 그들의 어머니를 기록하고 있다. 마치 어머니가 누구였는가가 그 아들이 누구였는지를 설명한다는 듯이 말이다. 하나님은 때로 아들과 어머니, 어머니와 아들의 관계를 사용해 한 시대를 여신다. 어머니가 낳는 자녀, 그들 안에는 하나님의 꿈이 담겨 있다. 어머니가 자녀를 낳을 때 역사의 한 시대도 태어난다.

엄마로서 자녀를 위한 기도를 쉬지 않아야겠다. 어머니의 눈물의 기도는 새로운 역사를 시작하는 하나님의 도구가 되기도 하기 때문이다.


## 함께 부르는 승리의 노래

나에게 주어진 하루 24시간 중 몇 시간이나 내 마음대로 쓸 수 있을까? 한 남자의 아내로, 세 아이의 엄마로 살아가는 내가 마음껏 하고 싶은 것을 할 수 있는 시간을 확보하기란 그리 쉬운 일이 아니다.

남편이 전화해서 급한 일을 부탁하면 다른 일 모두 제쳐 놓고 남편의 부탁부터 해결해야 하는 것이 아내의 몫이다. 아이들 모두 학교 보내 놓고 나면 이제부터 자유일까? 그런데 꼭 그렇지도 않다. 학교에서 아이들한테 무슨 일이 생기면 초를 다투어 달려가야 한다. 아내이자 엄마로 살아가는 나의 하루는 내 것이 아니다. 남편과 세 아이들과 함께 공유하는 시간이다. 그런 나에게 한 가지 갈망이 생기기 시작했다.

누구에게도 방해받지 않고 기도하고 싶다….

뭐 대단히 큰일을 위해 기도하겠다는 것이 아니라 그저 어느 누구의 방해도 받지 않고 조용히 주님과 시간을 보내고 싶었다.

그러던 중 2010년 초부터 지역의 여러 교회들이 연합하여 도시의 부흥을 위해 기도회를 갖기 시작했다. 일주일 중 하루 24시간을 한인 교회들이 맡아 기도하게 되었는데, 자원자를 찾는다기에 나는 얼른 한밤중 시간을 맡겠다고 자원했다. 도시의 부흥? 무엇을 어떻게 기도해야 하는지 솔직히 잘 몰랐다. 그럼에도 불구하고 그 시간만큼은 어느 누구의 방해도 받지 않고 마음껏 주님께 기도할 수 있을 거라는 생각에 설렜다.

그런데 막상 기도가 시작되고 한밤중에 집을 나서는데 어찌나 무섭던지…. 한 주도 빠지지 않고 엄마와 함께 가겠다고 나서는 막내 조셉이 아니었으면 엄두도 못 냈을 것이다. 막상 기도하러 갔으나 졸음으로 눈꺼풀은 내려오고 무엇을 어떻게 기도해야 할지 몰라 멍하게 시간만 보내고 온 적도 있다.

그런데 밤중에 주님을 만나는 것은 그 어떤 시간보다 특별했다. 멍하게 앉아 있던 시간들이 점차 줄어들더니, 모두가 잠든 시간에 주님을 만나러 온 나에게 주님은 점점 자신이 어떤 분인지 알려 주시고 그분의 마음을 보여 주셨다. 사랑과 긍휼과 자비의 하나님! 나는 기도하기보다 차라리 그 좋으신 주님을 노래하기 시작했다. 위대하신 주님을 노래하는 것이 한밤중에 드리는 나의 기도가 되었다.

어느 날 밤, 그날도 조셉은 엄마를 따라나서서 이미 슬리핑백 속에서 단잠이 들었다. 자리에 앉자 삶의 고비에서 혹은 역사의 전환점에서 하나님의 위대하심에 감격하여 믿음의 선조들이 부르던 노래들이 마음에 들어왔다.

400년 종살이하던 이스라엘 민족이 마침내 출애굽을 한 후에 모세와 이스라엘 자손이 부른 '모세의 노래', 바로의 말과 병거와 마병을 삼켜 버린 홍해 바닷물을 바라보며 미리암이 여인들과 함께 부른 '미리암의 노래', 그토록 애타게 기다리던 아들을 낳은 후 감사함으로 아들을 여호와께 드리며 부른 '한나의 노래', 천사가 전한 메시아 수태 소식을 듣고 순종으로 화답한 '마리아의 노래'….

그 많은 노래들 중 그날 내 마음을 사로잡은 노래가 있었다. 성경에 이런 노래가 있었나 싶을 정도로 생소한 노래였다. 바로 '드보라의 노래'다. 왜 이 노래는 그동안 사람들의 입에서 자주 불리지 않았을까 생각하며 노래 한 구절 한 구절을 천천히 묵상하고 있는데, 아! 알 수 없는 감동이 밀려오기 시작했다.

'이 노래를 다같이 부를 때가 있을 것이다. 모두가 함께 부르는 승리의 노래가 될 것이다.'

나는 그날 밤 혼자서 그 노래를 부르고 또 불렀다. 언젠가 이 노래가 땅과 하늘을 가득 채울 그날을 고대하면서 말이다.


### 여호와를 찬송하는 어머니

이스라엘 자손은 가나안의 통치 아래서 심한 학대를 당하며 고통스러워하고 있었다. 그들을 20년 동안 통치한 가나안 왕 야빈은 철병거 900대를 보유한 막강한 군사력을 자랑했다. 이스라엘 자손의 부르짖음에 하나님이 드디어 가나안의 통치로부터 이스라엘을 해방시킬 사사를 지명하셨다. 랍비돗이라는 한 남자의 아내인 여선지자 드보라를 이스라엘 민족의 지도자로서 세상의 왕들과 통치자들 앞에 세우신 것이다.

　"너희 왕들아 들으라 통치자들아 귀를 기울이라 나 곧
　내가 여호와를 노래할 것이요 이스라엘의 하나님 여
　호와를 찬송하리로다 여호와여 주께서 세일에서부터
　나오시고 에돔 들에서부터 진행하실 때에 땅이 진동
　하고 하늘이 물을 내리고 구름도 물을 내렸나이다 산
　들이 여호와 앞에서 진동하니 저 시내 산도 이스라엘
　의 하나님 여호와 앞에서 진동하였도다"(삿 5:3-5).

　그녀는 여호와를 노래하며 찬송하던 여인이었다. 위대하
신 하나님, 땅과 하늘을 진동하며 출애굽의 역사를 행하신
하나님을 기억하고 있었다. 이스라엘 자손이 가나안의 위
력에 떨고 두려운 나머지 자신의 구원이신 여호와의 위대함
을 잊고 있을 때 드보라는 온 민족을 애굽에서 건져 내 홍해
를 건너게 하신 위대한 이스라엘의 하나님을 노래했다. 당
대 어마어마한 군사력을 가진 가나안에 대항하기 위한 하나
님의 방법은 한 여인의 찬송으로부터 시작되고 있었다.

"아낫의 아들 삼갈의 날에 또는 야엘의 날에는 대로가
비었고 길의 행인들은 오솔길로 다녔도다 이스라엘에
는 마을 사람들이 그쳤으니 나 드보라가 일어나 이스
라엘의 어머니가 되기까지 그쳤도다"(삿 5:6-7).

그녀를 민족의 어머니라고 부르고 있다. 외부로는 가나
안과 전쟁을 치르는 동시에 안으로는 사람들의 삶을 살피는
데 소홀하지 않았다. 가정에서 어머니가 자녀들에게 하듯
사람들의 삶을 살피고 편히 살 수 있도록 힘썼다.

### 어머니 리더십

가나안과 비교할 수 없이 열악한 이스라엘의 지도자로
부름 받은 드보라는 어머니의 마음으로 그 부르심을 감당했
다. 실의에 빠진 이스라엘의 방백들을 향한 그녀의 마음은
애틋했다(삿 5:9). 그런 어머니의 마음이 그들에게 전해지기
나 한 것일까? 너나 할 것 없이 가나안과의 전쟁에 기쁜 마
음으로 자원하기 시작했다. 이스라엘의 한 지파 두 지파…
지파별로 헌신하며 나아온다. 모두 한마음 한 뜻이 되었다.

이스라엘 자손은 적과의 전쟁을 치르기 전에 이미 내적인 전쟁에서 승리했다. 서로를 향하여 불평하고 참소하는 모든 유혹으로부터 그들은 이미 승리했다. 드보라가 이스라엘의 어머니가 되어 각 지파들을 품기 시작하자 온 민족이 어머니의 품에서 하나가 되었다.

이스라엘의 어머니 드보라에게는 어느 지파 할 것 없이 모두 다 사랑스럽고 소중했다. 그러나 그중에서도 어머니의 마음은 힘없고 낮은 자에게 향하는 모양이다. 그 누구보다도 멸시를 받고 고통스러워하던 스불론과 납달리 자손에게로 어머니의 마음이 향하고 있었다(삿 9:1). 드보라는 하나님이 도우실 승리의 전쟁에 이 두 지파를 앞세운다(삿 4:6). 그들의 수치를 벗기고 승리의 기쁨을 맛보게 하기 위한 어머니의 깊은 배려였을까? 부르심을 받은 스불론과 납달리는 목숨을 아끼지 않고 가나안과 싸웠다(삿 5:18).

방패와 창도 제대로 구비하지 못한 이스라엘에 비해(삿 5:8) 가나안은 철병거 900대를 보유하고 있었다(삿 4:3). 그런데 이 전쟁의 승패는 군사력에 있지 않았다. 드보라가 노래하던 하나님의 위대하심과 그 하나님만을 의지하는 백성의 믿음에 있었기 때문이다. 온 지파가 한마음 한 뜻이 되어 전

쟁을 치르는 모습이 하나님을 감동시킨 것일까? 하나님은
이 전쟁에서 자신이 친히 싸우셨다. 하늘의 별들이 움직이
기 시작했고(삿 5:20), 잠잠하던 강물도 포효하며 적들을 삼
켰다(삿 5:21). 그녀가 늘 노래하던 여호와의 위대하심이 현
실이 되어 눈앞에 펼쳐지고 있었다.

"깰지어다 깰지어다 드보라여 깰지어다 깰지어다 너
는 노래할지어다 일어날지어다 바락이여 아비노암의
아들이여 네가 사로잡은 자를 끌고 갈지어다"(삿 5:12).

하나님이 자신을 이스라엘 민족의 어머니로 부르신 것을
깨닫기 시작한 드보라는 이제 온 민족을 향해 여호와 하나
님의 위대하심을 노래하기 시작했다. 그러자 가나안의 위
력에 눌려 두려움에 떨며 숨어 살던 사람들이 하나 둘 일어
서기 시작했고 그들의 숫자는 한 지파 두 지파 늘어나더니
결국 온 민족이 한마음이 되었다.

그런데 이 연합에는 이스라엘 민족만 참가한 것이 아니
었다. 이스라엘 땅에 함께 살던 이방인들도 이스라엘의 전
쟁에 기꺼이 참여했다. 그리고 이스라엘의 어머니, 드보라

의 마음은 이스라엘 땅에 함께 거하는 이방인의 작고 작은 자, 한 아낙네에게로 향했다.

"겐 사람 헤벨의 아내 야엘은 다른 여인들보다 복을 받을 것이니 장막에 있는 여인들보다 더욱 복을 받을 것이로다"(삿 5:24).

이스라엘의 전쟁에 등장한 이방 여인 야엘은 이전에는 감히 상상도 못했을 행동을 하고 있다. 자신의 장막에 몸을 피하여 잠을 자고 있는 적장의 머리를 향해 손을 올려 든 것이다(삿 5:26). 그녀는 믿기지 않을 정도로 담대했다. 어쩌면 이스라엘에서 작은 자 중의 가장 작은 자였을 야엘은 이로써 가나안 전쟁에서 가장 큰 승리의 영광을 얻게 된다.

야엘의 장막은 한 이방 여인에게는 삶의 전부인 그저 평범한 곳이다. 어느 누구도 관심을 가질 이유가 없던 곳이다. 그런데 하나님은 온 이스라엘의 눈을 그 장막으로 향하게 하신다. 깃발을 앞세우고 적과 싸우는 전쟁터도 아닌 그저 평범한 한 여인의 장막에서 하나님은 전쟁의 클라이맥스를 펼쳐 보이신다.

이스라엘의 어머니 드보라는 수평적으로는 지파들의 연합을, 수직적으로는 높은 자부터 가장 낮은 자에 이르기까지 연합을 이루어 냈다. 이 가나안 전쟁에 온 민족이 참여하였고 그 승리의 기쁨을 모두가 누렸다. 한 여인이 민족의 어머니로서 깨어나 하나님의 위대하심을 끊임없이 선포하고 노래할 때 이루어지는 하나님의 놀라운 역사다.

### 또 다른 어머니의 운명

여호와를 찬양하는 이스라엘의 어머니 드보라, 전쟁을 치르는 바락 장군 그리고 마지막 순간에 적장의 목을 치는 가장 낮은 자인 이방 여인 야엘. 이들은 이스라엘 민족을 가나안으로부터 구원하는 하나님의 계획에 사용된 사람들이다. 이 전쟁을 마감하며 또 다른 한 여인, 한 아들의 어머니가 소개된다. 전쟁에 나간 아들이 늦어지자 초조하게 기다리는 한 어머니의 모습은 여느 어머니의 모습과 별로 다르지 않다.

"그들이 어찌 노략물을 얻지 못하였으랴 그것을 나누

지 못하였으랴 사람마다 한두 처녀를 얻었으리로다
시스라는 채색 옷을 노략하였으리니 그것은 수놓은
채색 옷이리로다 곧 양쪽에 수놓은 채색 옷이리니 노
략한 자의 목에 꾸미리로다 하였으리라"(삿 5:30).

아들이 전쟁에 나갈 때마다 많은 노략물을 가지고 돌아
온 모양이다. 그 노략물 중에는 때로 처녀들도 포함되어 있
었다. 예전에 값진 노략물들로 장식하던 것을 떠올리며 어
머니는 이번에도 스스로를 위로하고 있다. 아마 크게 승리
하여 노략물을 잔뜩 가지고 오느라 늦어지나 보다고. 그러
나 아들은 이미 전장에서 숨을 거둔 뒤였다. 한편으로는 측
은한 이 어머니를 향해 하나님의 선포는 매우 단호하다.

"여호와여 주의 원수들은 다 이와 같이 망하게 하시고
주를 사랑하는 자들은 해가 힘 있게 돋음 같게 하시옵
소서"(삿 5:31).

그녀는 하나님 편에 설 수도 있었을 텐데 오히려 '여호와
의 원수'로 삶을 마감했다. 그녀의 아들은 사탄의 머리를 상

하게 하는 자랑스러운 아들로 살 수도 있었지만, 도리어 장막에 거하는 한 여인의 손에 머리가 상하는 인생이 되고 말았다. 그리고 그녀의 인생도 머지않아 곧 망하게 될 것이다.

'어머니'라는 이름 안에는 도대체 무엇이 담겨 있을까? 선악과의 죄악으로 더럽혀진 세상을 향한 하나님의 구속의 소망이 아마도 그 이름 속에 숨어 있지 않을까 생각해 본다. 하루를 살며 수도 없이 어머니라는 이름으로 불리고 있는 나는 도대체 어떤 어머니의 모습으로 살고 있는가? 내가 어머니라는 이름으로 불리는 동안 나 스스로에게 끊임없이 질문하고 끊임없이 선택해야 함을 깨닫는다.

**03**

# 역전의 역사를 이루는 여인들

## 왜 한국인가요?

2011년 글로벌 기도 여행길에 오른 우리 가족은 한국에 좀더 머물기를 바라시는 하나님의 뜻에 따라 2년 반 남짓한 시간을 한국에서 보내고 있다.

전혀 예기치 않은 시간들을 보내면서도 우리는 여전히 '언제 한국을 떠날까?' 하며 머리로 시간을 재고 있었다. 몇 주 후에? 아니면 한 달 후에? 그러는 동안 3개월 여행비자를 갱신해야 하는 일이 수도 없이 있었다. 도대체 언제까지 있게 되는 걸까? 미국 집을 떠난 지 1년이 넘어가면서 우리는 구름에 붕 뜬 것 같은 한국의 삶을 정리하고 떠날 준비를 해야겠다고 마음먹었다. 더구나 남편은 하와이 열방대학에서 글로벌 교육 프로그램을 함께 연구 개발하자는 제의를 받았다. 남편이 늘 관심을 두었던 분야였기에 우리는 어느 정도 마음을 정하여, 한국에서의 삶을 정리해야 될 때가 되었다고 생각하게 되었다. 하지만 한국을 떠나기 전에 온 마음을 다해 축복하고 떠나야 한다며 남편은 한 달의 기간을 특별히 구별하여 놓았다. 그런데 우리가 정한 한 달이 채 다 되기도 전에 하나님은 도리어 한국에 더 머물라는 마음을 주셨다. 다 이해할 수는 없었지만 순종하기로 했다.

하나님이 사랑하는 세상을 보고 기도하라고 부르셔서 떠난 길이었는데, 세상은커녕 몇 나라 가 보지도 못하고 한국에 발이 묶이자 스스로 질문하지 않을 수 없었다.

'우리가 지금 제대로 가고 있는 걸까? 혹 하나님의 계획과 달리 전혀 엉뚱한 곳에 있는 것은 아닐까?'

"너의 기도에 대한 응답이란다."

"무슨 기도요?"

그 순간 수년 전의 한 장면이 생각났다.

어느 가을 오후 아이들이 학교 간 사이에 정원을 손질하고 있었다. 꽃도 다듬고 잔디도 손질하다가 나는 잠시 저 높은 하늘을 올려다보며 어딘가에서 나를 지켜보고 계실 주님께 조그맣게 속삭였다.

"주님, 저 여기에 있어요. 그때가 되면 저 잊지 마시고 꼭 불러 주셔야 해요!"

가정주부로서 남편과 세 아이들을 돌보며 살아가는 삶이 감사했다. 내가 해야 하는 자질구레한 집안일들이 가족을 행복하게 만드는 것임을 알기에 기쁘게 감당할 수 있었다. 나는 미국의 한 동네 아줌마로 살아가는 삶에 어느 정도 자족하고 있었다. 그런데 언젠가 주님이 이 세상에서 급하게 일하실 때 나는 여전히 이렇게 정원만 가꾸고 있는 사람이고 싶지 않았다. 주님이 무언가 중요한 일들을 하시는 그곳에 나도 함께 있고 싶었다.

"저 꼭 기억해 주세요…."

이렇게 속삭이던 수년 전이 갑자기 생각난 것이다.

지금은 하나님의 두 눈동자가 한국이라는 나라에 머물러

있나 보다. 이 작은 나라에서 일어나는 일들을 통하여 하나님은 온 세상에 영향을 미치고 계신가 보다. 그래서 한국에 머물러 있는 것이 온 열방을 보게 되는 일이라고 말씀하신 모양이다. 기도에 응답하시는 주님께 너무 감사했다. 그리고 나의 마음은 기대감으로 부풀어 올랐다. 이 나라를 통해 주님이 무슨 일을 하실지, 이 한국 사람들을 향해 어떤 기대를 갖고 계신지 궁금했다.


**연약한 어머니 속에서 발견한 하나님의 강함**

20여 년을 떠났다가 돌아온 한국은 내겐 모국(母國)이다. 왜 어머니의 나라일까? 한국에서 지내는 동안 내 머릿속을 가득 메운 단어는 다름 아닌 '어머니'였다. 수많은 한국의 어머니들을 만나 보았다.

우리 가족이 한국에서 마치 나그네같이 살고 있을 때, 누구보다 마음을 써 준 이들은 바로 어머니들이었다. 어느 권사님은 우리 집 세 아이들이 제대로 적응하며 잘 지내고 있는지 늘 염려해 주셨다. 어느 어머니는 철이 바뀔 때마다 필요한 옷가지들을 잔뜩 보내 주기도 하였다. 또 다른 어머니는 건강에 좋은 음식들을 정기적으로 보내 주고 계신다. 또 어느 할머니 권사님은 우리 가족이 새로운 보금자리를 만들 수 있도록 빈집을 사용하도록 해주셨다. 한국의 어머니들은 우리에게 갚을 길 없는 사랑을 넘치도록 베풀어 주셨다. 그 어머니들과 할머니들의 사랑이 얼마나 감사한지 모른다.

맞아! 우리 엄마도 그러셨지.

어렸을 적 나의 엄마의 모습이 떠오른다. 엄마는 집에 오시는 손님들을 단 한 번도 불평하지 않고 늘 반갑게 맞으셨다. 살림이 넉넉하지 않았지만 행여 손님들이 우리 집 형편을 알고 불편해할까 봐 내색 않고 극진히 대접하셨다. 비록 자신은 궁색할지라도 다른 사람을 후히 대접하는 엄마의 넉넉한 마음을 어린 나는 잘 이해하지 못했다. 도리어 엄마가 바보 같다고 생각했다. 그런데 나는 지금 한국 어머니들의 정성스런 섬김을 받으며 그 넉넉한 마음에 정말 고마움을 느끼고 있다. 마치 엄마 품에 안긴 것처럼 따스하다.

그런데 엄마와 함께 살던 시절에는 엄마의 고마움을 잘 몰랐다. 초등학교 때였던가? 아침에 괜찮던 날씨가 오후가 되면서 꾸물꾸물해지더니 급기야 비가 내리기 시작했다. 비 맞고 돌아올 딸이 걱정된 엄마가 우산을 받쳐 들고 학교에 오셨다. 학교 정문에서 딸을 기다리고 있는 엄마. 다른 아이들 엄마는 엄마 같은데, 우리 엄마는 할머니 같았다. 나는 엄마와 함께 집으로 돌아가는 길이 너무 창피하고 싫었다. 차라리 비 맞고 가는 게 더 낫다고 생각했다. 딸이 행여 비에 젖어 감기에 걸릴까 봐 걱정이신 나의 엄마는 그런 배은망덕한 딸의 마음을 알고나 있었을까?

"난 엄마처럼 안 살 거야!"

누가 알아주지도 않는데, 늘 바보같이 희생하고 모든 것을 양보하며 살아가는 엄마의 모습이 싫었다. 20여 년 전 한국을 떠나며 나는 스스로에게 다짐하고 또 다짐했다. 나는 절대로 엄마처럼 안 살 거라고.

너무도 확고한 계획을 가지고 떠난 여정이었으나 막상 미국에서의 삶은 나의 계획과는 전혀 다른, 내가 예상하지 못한 삶으로 나를 인도했다. "십 년이면 강산도 변한다"고 하는데, 20여 년이 지나 모국에 돌아와 보니 변한 것은 이 땅의 강산만이 아니었다. 엄마를 향한 나의 생각이 완전히 달라져 있었다. 엄마가 산 삶에 대해 깊이 감사하게 되었다. 바보 같은 삶이 아니라 참으로 지혜로운 삶이었다는 것을 깨닫게 되었다. 겸손하고 연약한 엄마의 모습 속에는 하나님의 위대함이 숨어 있었다. 그리 중요한 일을 하는 것 같지 않았지만 가족을 살리는 가장 위대한 일을 하고 있었다. 아무도 알아주지 않는 것 같았지만 하나님이 보시고 인정해 주시는 삶이었다. "난 엄마처럼 안 살 거야"라고 목청 높여 외쳤던 나의 입에서 이제는 조용한 고백이 흘러나온다.

"나도 엄마처럼 살 수 있으면 좋겠어!"

어릴 적 배가 아프면 제일 먼저 엄마에게 달려갔다. 그러면 엄마는 하던 일을 멈추고 아프다고 앓는 소리를 하는 딸을 무릎에 눕히고 배를 어루만져 주셨다.

"엄마 손이 약손이다~."

엄마의 거친 손이 나의 아픈 배를 쓸고 있는 동안 엄마가 흥얼흥얼하는 장단을 듣다 보면 어느새 배가 멀쩡해지곤 했다. 정말 엄마 손이 약손인가 봐! 김치 냄새와 반찬 냄새가 배어 있는 엄마의 손은 가족의 비상약이었다.

모국을 떠난 지 20여 년이 지난 후에야 나는 비로소 엄마의 존재 자체를 감사하게 되었다. 그리고 모국의 품에 안겨 지내는 짧은 시간을 통하여, 마치 엄마 품에서 아픈 곳들이 나아가듯, 나의 지난 삶의 아팠던 부분들이 온전해지는 것을 느꼈다. 아니 도리어 그것이 감사의 이유가 되었다.

한국을 떠나 낯선 나라에서 실패를 경험하게 하신 것이 감사했다. 내가 계획한 길이 아니라 하나님이 계획하신 길을 걷게 하신 것이 감사했다. 남편이 옆에 있어 주어서 감사했다. 힘들고 어려웠던 그 시간들을 통하여 위대한 하나님의 손길을 경험할 수 있었기에, 나는 감사하다는 고백을 할수 있었다. 그리고 나는 이제 모국의 품에서 비로소 엄마의 속을 들여다보게 되었다. 나의 아픈 배보다도 엄마의 속은 훨씬 더 아파 있었을 텐데, 그래도 내색 않고 참고 견디며 도리어 자식들의 배를 쓸어 주던 한국 여인들의 마음속을 들여다볼 수 있었다.

"그러나 하나님께서 세상의 미련한 것들을 택하사 지혜 있는 자들을 부끄럽게 하려 하시고 세상의 약한 것들을 택하사 강한 것들을 부끄럽게 하려 하시며"(고전 1:27).

그들의 삶이, 내가 이전에 생각했던 것처럼, 결코 어리석고 바보 같은 삶이 아니었음을 발견한다. 희생하고 양보하는 그들의 연약한 모습 속에서 하나님의 강함을 발견한다.

수천 년을 그렇게 살아온 여인들의 삶 속에 창조주 하나님의 지혜가 들어 있음을 보게 된다.

## 신부도 아니고 어머니도 아니었던 여인

2013년 4월이었다. 차창 밖으로 봄비가 부슬부슬 내리는 풍경을 바라보고 있노라니 우리가 탄 관광버스가 어느덧 섬으로 이어지는 다리를 건너고 있었다. 맨 앞자리에 앉으신 목사님이 마이크를 잡고 우리가 방문하는 섬에 대해 설명하셨다. 내게는 생소한 이름의 섬, 증도. 그런데 이 섬이 유명한 이유는 섬 주민의 90퍼센트가 기독교인이기 때문이다. 섬에는 복음이 들어가기 쉽지 않다는 통념을 깨고 이 섬의 복음화율이 이렇게 높은 이유는 한 여인의 생명을 드린 헌신이 있었기 때문이다.

그 여인은 전쟁의 소용돌이 속에서 공산군에 의해 처참하게 순교를 당했다. 장례조차 제대로 치르지 못하고 가매장되었다가 이듬해 1951년 2월 정식으로 장례식을 치를 수 있었다. 그런데 그녀의 장례식을 찾은 인파가 '백범 김구 선생의 장례 행렬보다 더 많았다'고 할 만큼 인산인해를 이뤘다. 도대체 어떤 여인이기에, 도대체 어떤 삶을 살았기에, 그렇게 많은 사람들이 한 여인의 죽음을 이토록 안타까워한 것일까?

1891년 2월 2일, 전남 신안군에서 태어난 문중경이란 여인은 17세 때 같은 신안군의 정씨 집으로 시집을 갔다. 그러나 어찌된 운명인지 시집오자마자 남편은 집을 나가 다른 여자와 살림을 차려 버렸고, 그녀는 영문도 모른 채 하루아침에 남편으로부터 버림을 받았다. 그러나 그녀는 남편도 없는 시집에서 시부모를 극진히 섬겼다. 시부모님이 세상을 떠나자 20년의 남편 없는 외로운 시집살이를 마감하고 목포로 나갔다. 그리고 거기서 그녀의 인생을 완전히 바꾸는 만남을 갖게 된다. 예수님을 만난 것이다.

1931년 경성성서학원(현 서울신학대학교)에 입학한 문중경은 이후 섬들을 다니며 교회를 개척하기 시작한다. 나라 전체가 역사의 험난한 시기를 지나던 때라 그녀 또한 많은 어려움을 겪어야 했다. 신사참배를 거부했다는 이유로 곤욕을 치르기도 했다. 그럼에도 문중경은 흔들림 없이 그녀가 만난 주님을 섬사람들에게 알리고 그리스도의 사랑을 전하는 데 온힘을 기울였다.

1950년 10월 증도 중동리 모래사장에서 공산군에 의해 순교당하기까지 그녀는 전남 신안군의 여러 섬들을 다니며 교회를 개척했다. 그녀에 의해 설립된 교회들에서 수많은 기독교 지도자들이 배출되었다. 故 김준곤 목사(CCC 총재)를 비롯해 이만신 목사(전 한국기독교총연합회장), 정태기 목사(한신대 교수) 등이 그녀가 생명을 드려 뿌린 씨앗의 열매들이다.

"잉태하지 못하며 출산하지 못한 너는 노래할지어다 산고를 겪지 못한 너는 외쳐 노래할지어다 이는 홀로 된 여인의 자식이 남편 있는 자의 자식보다 많음이라 여호와께서 말씀하셨느니라 네 장막터를 넓히며 네 처소의 휘장을 아끼지 말고 널리 펴되 너의 줄을 길게 하며 너의 말뚝을 견고히 할지어다 이는 네가 좌우로 퍼지며 네 자손은 열방을 얻으며 황폐한 성읍들을 사람 살 곳이 되게 할 것임이라 두려워하지 말라 네가 수치를 당하지 아니하리라 놀라지 말라 네가 부끄러움을 보지 아니하리라 네가 네 젊었을 때의 수치를 잊겠고 과부 때의 치욕을 다시 기억함이 없으리니 이는 너를 지으신 이가 네 남편이시라 그의 이름은 만군의

여호와이시며 네 구속자는 이스라엘의 거룩한 이시라
그는 온 땅의 하나님이라 일컬음을 받으실 것이라 여
호와께서 너를 부르시되 마치 버림을 받아 마음에 근
심하는 아내 곧 어릴 때에 아내가 되었다가 버림을 받
은 자에게 함과 같이 하실 것임이라 네 하나님께서 말
씀하셨느니라 내가 잠시 너를 버렸으나 큰 긍휼로 너
를 모을 것이요 내가 넘치는 진노로 내 얼굴을 네게서
잠시 가렸으나 영원한 자비로 너를 긍휼히 여기리라
네 구속자 여호와께서 말씀하셨느니라"(사 54:1-8).

이 말씀은 이사야 선지자가 마치 수천 년 후 코리아의 작
은 섬에서 살다 간 한 여인을 생각하며 노래를 지은 것이 아
닐까 싶을 정도로 문중경 전도사의 삶을 정확하게 표현하고
있다. 기쁨의 순간이 되어야 할 결혼이 그녀에게는 도리어
수치가 되었다. 남편으로부터 버림받고 과부 아닌 과부로
수치스럽게 살았지만 온 우주의 창조주이신 하나님이 친히
그녀의 남편이 되어 주자 새로운 역사가 시작되었다.
잉태하고 싶었으나 남편의 버림을 받은 여인이기에 잉
태하지 못했던 문중경 전도사는 자신의 몸에서 난 자식 하

나 없이 인생을 마쳤다. 그러나 그녀가 만왕의 왕이신 예수님을 신랑으로 맞아들이자 그녀는 수많은 영의 자녀들을 낳는 역사를 이룰 수 있었다. 예수님은 그녀가 수많은 자녀를 마음껏 잉태하고 출산할 수 있도록 신실한 신랑이 되어 주셨다. 그녀가 품는 영혼들마다 예수님의 형상과 예수님의 마음을 가진 자들로 변화되었다. 섬마을의 아이들이 위대한 그리스도의 사람들로 거듭났다. 그래서 남편 있는 자의 자식보다 더 많은 자녀들을 둔 복된 여인의 삶이 되었다.

자신이 뿌린 수고가 과연 어디까지 영향을 미칠지 문중경 전도사는 상상이나 했을까? 이전의 자기처럼 절망 가운데 살아갈 사람들에게 예수님을 전하고 싶어서 한 사람 두 사람 찾아간 것이 어느덧 이 섬에서 저 섬으로 옮겨 가게 되었다. 그리하여 신안군의 헤아릴 수 없이 많은 섬들이 그녀의 장막 터가 되었다. 고무신이 닳도록, 험한 바다 물살도 아랑곳 않고 복음을 전하고 있을 때 주님은 그녀의 장막 터를 그녀가 감히 상상할 수 없는 지경까지 활짝 넓히셨다. 그녀는 전남 신안군의 섬들을 오고 갔을 뿐이지만 그녀가 수고로 낳은 영의 자손들은 민족과 온 열방에 그리스도의 영향을 미치는 사람들이 되었다.

시집오자마자 남편으로부터 버림받아 과부 아닌 과부로 살아야 했던 그녀는 떠난 남편을 원망하고 증오를 불태우면서 살 수도 있었다. 신세를 한탄하고 운명을 탓하며 하루하루를 연명할 수도 있었다. 자기 연민의 쓴잔을 마시며 불운한 여자로 인생을 마칠 수도 있었다. 그녀가 평생 자신의 '한'을 노래하며 산다 한들, 떠난 남편을 저주하며 세월을 보낸다 한들 누가 감히 그녀에게 돌팔매질할 수 있을까?

그런데 그녀는 다른 길을 선택했다. 고통의 한가운데서도 자신을 버린 남편의 부모님을 돌아가실 때까지 정성껏 섬겼다. 그리고 남편이 떠난 그 빈자리를 마침내 '영원한 신랑'이신 예수님이 채워 주셨다. 예수님은 그녀가 살아야 할 이유와 소망이 되어 주셨다.

이제 그녀는 자신의 신랑이신 예수님을 사람들에게 전해야겠다는 또 다른 선택을 한다. 그녀가 흘리는 눈물의 성분이 달라졌다. 이전에 흘리던 수치와 절망과 고통의 눈물이 아니었다. 이제 그녀의 눈에서 흐르는 눈물은 긍휼의 눈물, 사랑의 눈물, 용서의 눈물, 생명의 눈물, 자기 몸을 내어 놓는 희생의 눈물, 바로 예수님의 눈물이었다. 그래서 그녀의 눈물이 닿는 곳마다 예수님의 역사가 일어났다. 그녀의 인생은 한 민족의 역사를 새롭게 쓰게 했고, 열방의 역사를 변화시켰다. 여자로서 가장 수치스러웠을 인생을 하나님은 가장 영광스러운 삶으로 바꾸어 놓으셨다.

결혼한 후 한 남자의 아내가 되면서 인생이 내 마음대로 살아지지 않는다고 느꼈을 때 골방에서 남몰래 흘렸던 눈물들을 생각해 본다. 그 눈물들은 어떤 성분을 띠고 있었을까? 분노? 억울함? 증오? 그렇게 많이 눈물을 흘렸지만 그 눈물은 아름답고 위대한 역사를 만들어 내지 못했다. 내 눈에서 마침내 회개의 눈물이 흐르기 시작했을 때, 하나님께서 나의 인생에 역사하기 시작하셨다. 그리고 하나님은 내 눈물의 성분을 조금씩 주님의 눈물처럼 변화시켜 주셨다.

나는 오늘도 간구한다. 내가 흘려야 하는 눈물이 있다면, 그 눈물은 주님의 눈물과 같은 성분의 눈물이 되었으면 좋겠다고. 그래서 나의 눈물이 떨어지는 곳마다 주님이 원하시는 풍성한 열매들이 맺히게 해달라고.

## 평화의 소녀

더위가 한창 기승을 부리던 지난여름, 우연히 한 기사를 보게 되었다. 2013년 7월 30일 미국 캘리포니아 글렌데일의 시립공원에 세워진 한 소녀의 동상 옆에 흰 저고리와 검정 치마의 단아한 한복을 입은 한국 할머니가 앉아 있었다. '평화의 소녀상'이라고 불리는 그 동상은 일제 시대 강제로 전쟁터에 끌려간 한국의 위안부들을 생각하며 만든 것이다. 한국에는 이미 평화의 소녀상이 세워졌지만 해외에서는 처음으로 세워지는 동상이라고 한다.

단발머리에 치마저고리를 단정히 입고 맨발을 한 채 두 손을 얌전하게 모으고 있는 소녀의 모습은 악의 손아귀로부터 스스로를 보호할 힘도, 감히 저항할 힘도 없어 보이는 연약한 모습이었다. 팔순이 훌쩍 넘은 할머니는 그 동상을 어루만지고 있었다. 아마 할머니도 낯선 전쟁터에 끌려갈 당시 저런 소녀였을 것이다. 연약하고 순진한 소녀는 어느덧 세월이 흘러 인생의 마지막을 보내고 있는 할머니가 되어 있었다.

할머니는 대부분의 위안부 여성들이 세상을 등진 뒤 살아남은 몇 안 되는 역사의 증인이다. 이제 더 세월이 흐르면

이 몇 안 되는 증인들마저 세상을 떠나게 될 것이다. 하나님은 그들의 삶이 오래도록 우리의 기억 속에 남기를 원하셨던 모양이다. 하나 둘씩 할머니들의 자취가 사라진 그곳에 대신 '평화의 소녀상'이 앉아 있다.

캘리포니아에 세워진 그 소녀는 의자에 다소곳이 앉아 태평양을 바라보고 있다. 소녀는 왜 드넓은 태평양에서 눈길을 떼지 못할까?

거대한 대양에서 쓰나미가 일어나면 그 물결은 온 지면을 덮으며 모든 것을 휩쓸어 버린다. 한번 쓰나미가 덮치면 그저 속수무책 당할 수밖에 없을 만큼 그 위력은 대단하다. 그런데 그 거대한 쓰나미를 일으키는 원인은 우리 눈에는 보이지 않는 저 바다 깊숙한 곳에서 지각이 깨어짐으로 말미암는다. 바다 깊은 곳의 지각이 깨어짐으로써 쓰나미가 일어나듯, 이 소녀들의 마음이 깨어지고 인생이 깨어진 그 자리에 하나님은 쓰나미를 일으키시려나? 평화의 쓰나미! 평화의 소녀는 오늘도 바다에서 그녀의 눈길을 떼지 않고 있다. 마치 태평양에서 쓰나미의 물결이 언제 일어날까 지켜보듯 말이다. 비로소 그때가 되면 소녀들의 오랜 아픔이 아물게 될 것 같다.

역사의 가장 어두운 시대를 살던 한 소녀가 있었다. 그녀는 나라의 독립을 외치며 평화의 행진을 했다. 그녀의 몸은 갈기갈기 찢기고 짧은 인생을 마치게 되었지만 그녀의 이름은 '평화'의 상징으로 길이길이 기억되고 있다. 바로 유관순 열사다.

그리고 그녀와 같은 시대를 살던 수많은 소녀들이 있었다. 그들은 낯선 전쟁터로 끌려다니며 처참히 짓밟혔고 꿈은 산산조각이 났다.

전쟁이 끝나고 나라가 독립했지만 그녀들의 아픔은 아직 끝나지 않았다. 그러나 예수님이 죄인들에 의해 처참하게 짓밟힌 뒤 마침내 부활하여 평강의 왕이 되셨듯이, 이 소녀들의 찢긴 삶도 오랜 세월을 지나 마침내 '평화의 소녀상'으로 부활했다. 하나님은 어쩌면 가장 어두웠던 이 민족의 역사 속에서 온 세상을 향한 가장 아름다운 꽃이 피어나게 하셨는지도 모른다. 예수님의 평화!


**북한의 신부들**

2010년 10월 17일부터 24일에 걸쳐 남편은 남아공의 케

이프타운에서 열리는 로잔대회에 미국 참석자 중의 한 사람으로 참석하게 되었다. 198개국에서 모인 4천 명이 넘는 기독교 지도자들이 모여 앞으로의 세계 복음화에 대해 토의하며 전략을 만드는 모임이었다.

수많은 훌륭한 신학자들과 영적지도자들이 나와 말씀과 새로운 동향들을 나누며 은혜와 감동의 시간을 갖고 있었는데, 그 순서 중 모든 사람을 감동시킨 시간이 있었다. 둘째 날 열여덟 살의 탈북 소녀 한 명이 간증을 한 것이다. 남편을 포함한 그 자리에 참석한 많은 한국인들은 그 소녀를 위해 기도해 주었고 그 어린 소녀를 통해 하실 하나님의 일을 위해 한마음이 되었다.

그 소녀는 미리 작성해 온 내용을 서툰 영어로 또박또박 읽으며 주어진 짧은 8분의 시간을 통해 자신의 가족 이야기를 나누었다.


평양에서 태어난 소녀는 여섯 살 때 아버지가 정치적인 이유로 박해를 받자 온 가족이 중국으로 탈출했다. 그곳에서 아버지가 예수님을 알게 되었고, 그는 북한으로 들어가 복음을 전하는 꿈을 가지게 되었다. 중국의 감옥에도 갇히게 되었지만 풀려나자 그는 북한으로 돌아가 복음을 전하다 수용소에 수감됐고, 그 후로 아버지 소식을 듣지 못했다. 소녀가 중국에 있는 동안 그녀는 꿈에서 육신의 아버지를 대신하여 소녀의 아버지가 되기를 기다리시는 하나님을 만났다. 소녀는 하나님과 동행하는 삶을 살게 되었고 이제 그녀는 자신의 삶을 북한에서 핍박을 받으며 믿음을 지키는 자들을 위해 드리고 싶다고, 함께 기도해 달라고 말했다.

소녀가 울먹울먹 눈물을 머금은 채 말을 마치자, 그녀가 간증을 하는 동안 숨소리를 죽이며 경청하던 참석자들이 모두 일제히 자리에서 일어나 박수를 쳤다. 그 박수는 그칠 줄 모르고, 이미 단상 위에서 사라진 소녀에게 부어졌다. 다음 순서자가 대기하고 있었지만 사람들은 기립한 채 박수를 계속 보냈다. 결국 사회자가 다시 그 소녀를 단 위로 데리고 나와 인사를 시켜야만 했다. 초를 맞추어 가며 진행되는 대회였지만 마치 시간이 그 자리에서 멈춘 듯, 온 세계의 지도자들은 어린 소녀를 향해 박수를 아끼지 않았다. 남편은 그 자리를 통하여 북한 교회가 세계 교회 가운데 어떤 영향을 미치고 있는지 몸으로 실감할 수 있었다.

그 후 2011년 8월, 남편은 코리아의 또 다른 반쪽인 북한을 처음으로 방문하게 되었다. 로잔대회에서 탈북 소녀의 간증을 들은 후 1년만의 일이었다. 조국을 떠나 디아스포라로 사는 특권 중의 하나가 있다면 바로 북한을 방문할 수 있는 것이 아닐까.

북한에 있는 동안 그는 여러 지역을 여행했다. 그러다가 그의 팀이 며칠 지내게 된 곳이 마침 대동강변이어서 그는 같이 간 사람들과 함께 아침마다 대동강변에 나가 북한의 부흥을 위해 기도했다.

그는 대동강변을 거닐며, 이곳에서 순교하며 복음을 전해 준 선교사들의 희생을 회상했다. 그리고 100여 년 전에 북한에서 있었던 놀라운 부흥을 회상했다. 온 세계를 놀라게 한 부흥이 있었으나, 지금은 그 흔적을 찾아보기 힘들고 도리어 예수님을 믿는다는 이유로 온갖 고초를 당하고 있는 북한의 그리스도인들을 생각하며 마음이 아팠다. '도대체 그 부흥은 지금 어떻게 된 것일까?' 스스로 질문하고 있는데, 그의 마음에 강한 감동이 밀려왔다.

'평양대부흥은 끝난 것이 아니다!'

끝난 것이 아니라면 도대체 그 부흥은 어떻게 된 것일까?

또다시 질문을 하고 있는데, 하나님께서 그가 전혀 상상하지 못한 답을 주셨다.

'평양대부흥은 코리아 디아스포라와 함께 온 세계에 흩어져 퍼져나갔다.'

한인들이 해외로 나가면서 부흥의 불씨도 함께 가지고 간 것이란다. 그래서 그들이 가는 곳마다 그 불씨는 또다시 그들이 사는 곳에서 타오르고 있는 것이다. 조국을 떠난 한국인들이 어느 나라를 가든 교회를 짓고 믿음의 삶을 사는 모습을 다시금 떠올리며 고개를 끄덕이지 않을 수 없었다. 그는 북한에 머무르는 내내 북한을 통하여 놀라운 일을 행하셨던 하나님이 지금도 세계 곳곳에서 위대한 일을 행하고 계심을 깨닫게 되었다.

2012년 4월에 남편은 두 번째로 북한을 방문했다. 특히 이번 방문에는 미국 교포 젊은이들과 북한에서 태어난 할머니도 함께 방문했다. 그들은 자신이 북한 땅에 있다는 자체만으로도 기뻐하였다. 그런데 기쁨은 전염성이 강한가 보다. 판문점을 지키던 북한 군인들의 입가에도 해외 동포를 본 기쁨이 묻어나고 있었다.

판문점에 들러 북한 군인들로부터 설명을 듣고 난 후 그의 팀은 서로 손을 잡은 채 기도를 했다. 일정을 마치고 판문점을 나서려는데, 군인 한 명이 방명록에 글을 남겨 줄 수 있겠냐며 별도의 방으로 인도했다. 남편은 요한복음 17장의 대제사장이 드렸던 기도가 떠올랐고, 아버지와 아들이 하나됨으로 말미암은 "그때"가 이제 곧 코리아의 하나됨을 통하여 이 세상 역사에도 시작될 것을 바라보게 되었다. 그는 기도하는 마음으로 방명록에 글을 써 내려갔다.

The time has come… For south, north, diaspora Korea and all lovers of Korea to unite and truly be a blessing to the all nations of the world. I pray for the day when we will laugh, love, live, and lead the nations to the truth light and life…

남한, 북한, 디아스포라 그리고 코리아를 사랑하는 세계인이 연합하여 열방의 축복이 될 때가 왔습니다. 우리가 함께 웃고 사랑하며 살아가고 그리고 열방을 빛과 진리요 생명으로 인도할 그날을 위해 기도합니다….

판문점을 떠나며 남편은 그 군인의 어깨를 꼭 잡아 주며, 속으로 그를 위해 기도했다. 통일이 되면 하나님의 뜻을 위해 쓰임받는 사람이 되게 해 달라고.

두 번째로 북한을 다녀온 후, 남편은 온 가족이 함께 북한을 방문할 기회를 얻기를 소망하게 되었다. 특히 세 아이들이 그 땅을 다니며 기쁨으로 찬양하는 모습을 상상하고 있으면 마치 하나님이 크게 기뻐하시는 것 같았다. 그 후로 지금까지 우리 가족이 북한을 갈 기회는 없었으나 큰딸 지원이가 자신의 눈으로 북한을 통해 일하시는 하나님을 경험하게 되었다.

지원이가 또래 학생들과 함께 한 달 가량 이스라엘로 가 말씀을 배우고 경험하는 기회를 가졌을 때의 일이다.

유대인의 초막절 절기를 맞아 전 세계에서 온 사람들이 모여서 기도하고 예배하는 모임이 있었는데 북한을 위한 기도 시간도 가졌다고 한다. 북한의 교회를 위해 기도하기 시작하자 웬일인지 거기 모인 모든 사람들의 마음이 숙연해지더니 얼마 후 각 나라들 간에 서로 용서를 구하고 화해하기 시작했단다. 일본과 한국이, 한국과 중국이, 독일과 이스라엘이… 그 모습을 지켜본 딸은 생각했단다. 북한의 교회가 온 세계 교회를 연합시키고 있다고!

핍박을 끝까지 견디고 있는 북한의 지하 교회는 믿는 자들을 겸손하게 만든다. 나의 주장과 고집과 편견들을 모두 내려놓게 만든다. 불평하던 것들에 대해 이제 감사하게 만든다. 그리고 서로를 바라보며 용납하게 만든다.

북한의 성도들이 비록 침묵하고 있어도, 그들의 모습을 확인할 수조차 없어도, 그들이 세상 한 곳에서 주님을 향한 사랑 때문에 온갖 핍박을 견디며 이기고 있다는 사실이 우리를 서로 용납하게 하고 서로 하나되게 하고 있다.

지원이는 그동안 북한은 부모님이 기도하는 나라일 뿐, 자기와는 별 상관이 없다고 생각했다. 그런데 그날 그런 경험을 한 뒤 핍박을 견디고 있는 북한을 위해 기도하기로 결심했다. 그들이 너무나 존귀한 주님의 신부인 것을 코리안 디아스포라 소녀가 비로소 알게 된 것이다.

"나에게 이르시기를 내 은혜가 네게 족하도다 이는 내 능력이 약한 데서 온전하여짐이라 하신지라 그러므로 도리어 크게 기뻐함으로 나의 여러 약한 것들에 대하여 자랑하리니 이는 그리스도의 능력이 내게 머물게 하려 함이라"(고후 12:9-10).

    하나님은 자신의 능력을 드러내기 위해 때로 우리의 힘과 능력이 아니라 우리의 가장 연약한 모습을 사용하신다. 아무것도 할 수 없어서 그저 핍박을 견딜 뿐인 북한의 그리스도인들, 하나님은 그들의 순종을 통하여 당신의 위대한 일을 행하고 계신다. 북한의 신부들이 존재함으로 말미암아 온 세계 그리스도의 신부가 거룩하게 되고 그들을 한 몸으로 연합시키고 있다.

여자로 태어나 가장 감사한 것이 무엇이냐고 누군가 내게 묻는다면 나는 서슴없이 대답할 것이다. '신부'라는 이름을 마음껏 사용할 수 있는 특권이라고! 신부라는 이름 안에는 하나님이 창조하신 세상을 죄로부터 회복시키고 원래의 온전한 모습으로 완성시키고자 하는 하나님의 꿈이 들어 있는 것 같다.

앞으로의 남은 인생에 한 가지 소망이 있다면, 그리스도의 영광스러운 신부가 되는 것이고 한 남자의 온전한 신부가 되는 것이다. 이를 위해서 치러야 하는 대가가 있다면 어떤 수고나 희생도 가치 있는 것임을 믿는다.

언젠가 남편이 읽는 책의 표지를 보니 제목이 《Queen of Suffering》(《뜻으로 본 한국역사》, 함석헌, 1985)이었다. 그 고귀하고 아름답고 눈부신 퀸의 이미지와 고난이 어울리지 않는다는 생각에 고개를 갸우뚱했다. 무슨 저런 퀸이 다 있담? 고난을 받는 퀸이라면 이 세상 어느 누가 그런 퀸이 되고 싶어 할까?

그런데 고난받은 어느 킹이 생각났다. 세상에서 겪을 수 있는 가장 극심한 고난을 당했으나 마침내 이기고 승리하여 만왕의 왕이 되신 예수님, 그분이 바로 고난의 왕(King of Suffering)이셨다. 그분의 신부라면 어떤 이름으로 불릴까?

고난의 퀸!

예수님이 고난의 왕이셨고 그분의 신부가 고난의 퀸이어야 하는 이유는 그들의 킹덤을 되찾아 오는 전쟁이 아직도 계속되고 있기 때문일 것이다. 킹덤을 되찾는 승리의 그 순간까지 이 땅에서 전쟁을 치르는 이들의 모습은 어떠할까?

심령이 가난하고
애통하고
온유하고
의에 주리고 목마르며
긍휼함이 넘쳐흐르고

마음이 청결하고

화평하게 하고

의를 위하여 박해를 받고

모욕을 당하는 모습이다.


체스 판 위의 제일 마지막 선까지 도달한 폰. 대부분의 폰들이 우리 편의 승리를 위해 죽어가는 동안 살아남은 폰들은 모든 공격을 물리치고 한발 한발 끝까지 전진하여 팀을 승리로 이끌어야 하는 사명이 있다. 어떻게 이길 수 있을까? 마지막 선에서 이제 한발만 내딛어 퀸이 되면 그 순간 모든 것이 달라진다.

마지막 선에서 내딛는 한발은 그들이 이전에 수없이 디뎠던 한 발자국과는 전혀 다르다. 이 한발은 그들을 폰에서 퀸으로 완전히 변화시킨다. 퀸이 된다는 것은 우리 편의 승리를 의미한다. 우리 편의 승리는 그동안 죽어 갔던 수많은 폰들의 죽음이 얼마나 가치 있는 죽음이었는지 증명해 준다.

하나님의 시간!

'고난의 퀸'과 같았던 한국이 이제 영광스러운 퀸의 모습으로 온 세상에 드러날 때가 되었을까? 가족을 위해 자신을 희생하며 끝까지 견디고 이겨 낸 한국 여성들의 아름다운 모습이 드러날 때가 되었는지도 모른다. 그저 앞을 향하여 한발 한발 움직이던 폰들이 마침내 마지막 선까지 온 것인지도 모르겠다. 이제 마지막 발자국의 움직임에 온 세상이 달라진다.

이제 나의 마지막 한 발자국은 무엇일까? 남편을 격려해 주는 나의 말 한마디가, 아이들의 마음을 헤아리고 그들을 품어 주는 나의 몸동작 하나 속에 어쩌면 그 한 발자국이 숨어 있을지도 모르겠다.

한 발자국 더! 마침내 퀸이 등장한다! ♛